Jean-Paul BRANLARD
Maître de conférences à l'Université Paris XI

QCM Droit des sociétés et des personnes morales

Gualino éditeur

Du même auteur

- QCM – Introduction au Droit et Droit civil – Collection Les carrés Sup, Gualino éditeur, 1997
- QCM – Droit de la famille – Collection Les carrés Sup, Gualino éditeur, 1998
- QCM – Droit des affaires – Collection Les carrés Sup, Gualino éditeur, 1999
- Méthodes de travail en Droit civil – Collection Les carrés Sup, Gualino éditeur, 1998
- Introduction au droit de l'entreprise – DPECF épreuve n°1 – Collection Mini-manuel de l'expertise comptable, AENGDE, 2e édition 1999
- Droit du contentieux – DECF épreuve n°2 – Collection Mini-manuel de l'expertise comptable, AENGDE, 1997
- Droit du crédit – DECF épreuve n°2 – Collection Mini-manuel de l'expertise comptable, AENGDE, 1997
- Le sexe et l'état des personnes : aspects historique, sociologique et juridique, Éditions LGDJ, 1993
- Droit et gastronomie – Aspect juridique de l'alimentation et des produits gourmands, Gualino éditeur – LGDJ, 1999
- Experticas – Introduction au droit de l'entreprise – DPECF épreuve n°1, Gualino éditeur, 1999

ISBN 2 - 84200 – 204 - 0

SOMMAIRE

Présentation 7

1 Le contrat de société **9**
21 QCM 9
Grille de dépouillement et score 14
Réponses justifiées 15

2 La personnalité morale **20**
28 QCM 20
Grille de dépouillement et score 28
Réponses justifiées 29

3 La société en nom collectif – SNC **36**
24 QCM 36
Grille de dépouillement et score 43
Réponses justifiées 44

4 Les sociétés en commandite : simple (SCS) et par actions (SCA) **49**
28 QCM 49
Grille de dépouillement et score 56
Réponses justifiées 57

5 La société à responsabilité limitée (SARL) – 1 **63**
33 QCM 63
Grille de dépouillement et score 72
Réponses justifiées 73

6 La société à responsabilité limitée (SARL) – 2 et l'entreprise unipersonnelle à responsabilité limitée (EURL) **80**
34 QCM 80
Grille de dépouillement et score 88
Réponses justifiées 89

7 La société anonyme (SA) – 1 **97**
33 QCM 97
Grille de dépouillement et score 106
Réponses justifiées 107

8 La société anonyme (SA) – 2 et la société par actions simplifiée (SAS) **114**
35 QCM 114
Grille de dépouillement et score 122
Réponses justifiées 123

9 Le groupement d'intérêt économique (GIE) et le groupement européen d'intérêt économique (GEIE) **130**
20 QCM 130
Grille de dépouillement et score 135
Réponses justifiées 136

10 Les sociétés civiles et les SEL **141**
26 QCM 141
Grille de dépouillement et score 147
Réponses justifiées 148

11 Les sociétés sans personnalité morale **155**
24 QCM 155
Grille de dépouillement et score 160
Réponses justifiées 161

12 Les associations **167**
25 QCM 167
Grille de dépouillement et score 173
Réponses justifiées 174

13 Les sociétés de droit public, les sociétés d'économie mixte, les groupements d'intérêt public (GIP) **179**
15 QCM 179
Grille de dépouillement et score 183
Réponses justifiées 184

Dans la même collection LES CARRÉS SUP

Livres de QCM pour s'évaluer et s'entraîner

- QCM – Introduction au Droit et au Droit civil (J.P. Branlard) – 1997
- QCM – Droit de la famille (J.P. Branlard) – 1998
- QCM – Droit des affaires (J.P. Branlard) – 1999
- QCM – Droit des obligations (C. Renault-Brahinsky) – 1999
- QCM – Procédure pénale (C. Renault-Brahinsky) – 1998
- QCM – Droit constitutionnel et institutions politiques (Ph. Boucheix et G. Champagne) – 1998
- QCM – Droit administratif (J.P. Pastorel) – 1998
- QCM – Droit du travail (D. Grandguillot) – 1998
- QCM – Introduction au Droit pénal et à la sociologie criminelle (L. Leturmy) – 1999
- QCM et QRC – Finances publiques (F. Chouvel) – 1999
- QCM – Institutions de l'Union Européenne (J.C. Zarka) – 1999 – 2e édition
- QCM – Initiation à la gestion de l'entreprise (B. et F. Grandguillot) – 1998
- QCM – Analyse financière (B. et F. Grandguillot) – 1998
- QCM – Comptabilité analytique (B. et F. Grandguillot) – 1999
- QCM – Droit fiscal 1999 (Th. Lamulle) – 1999
- QCM et QRC Culture générale aux concours de la fonction publique (C. Chabanon) – 1998
- QCM – L'EURO en 188 questions (J.-C. Zarka) – 1998
- QCM – Institutions politiques et administratives de la France (J.-C. Zarka) – 1999

PRÉSENTATION

Ce livre de ***Questions-Réponses justifiées*** n'a pas pour objet de remplacer un cours et de couvrir tous les cas de figure possibles aux examens, mais de vous permettre d'évaluer vos acquis sur les principaux points inscrits au programme de votre cours.

Ces séries de ***tests*** viennent donc ***en complément*** de vos cours, de vos manuels, de vos exercices et annales ; elles en constituent le ***prolongement indispensable***. A ceux qui ont pu suivre un cours magistral ou qui ont étudié dans un manuel, ces tests permettent à tout moment de se rendre compte, vite et facilement, si la matière a été bien assimilée, et, à la veille de l'examen, de revoir en peu de temps l'essentiel du programme.

Les QCM sont des questions à choix multiple. A chaque interrogation, il vous est proposé différentes réponses parmi lesquelles il vous faut cocher une réponse juste, plusieurs réponses justes, voire, pour certaines questions, toutes les réponses. Ce sont donc des questions fermées auxquelles vous devez répondre rapidement avec un temps de réflexion limité.

Les ***questions*** font l'objet d'un code étoilé pour vous permettre de bien évaluer votre niveau :

***** = facile ;

****** = difficulté moyenne ;

******* = difficile.

A la fin de chaque série de QCM, vous sont proposés :

Une grille de dépouillement → sur laquelle vous reporterez, pour chaque question, le nombre de réponses correctes que vous aurez cochées, puis vous en ferez le total.

Un score sur 20 → pour avoir une moyenne sur 20 :
vous devez diviser le total de vos réponses correctes par le nombre de bonnes réponses exigées à ce test et le multiplier par 20.

Des réponses justifiées → des explications – replacées dans les principes de base – courtes, techniques et précises, justifient chacune des réponses aux questions posées ; elles vous disent où se situait tel piège ou telle difficulté, elles vous apportent des définitions, font des comparaisons et donnent des justifications.

Ce livre s'adresse tout particulièrement aux étudiants de **DEUG Droit 2e année** ou de **Licence** (quand cette matière est enseignée en 3ème année) ; il sera également utile à tous ceux dont les examens ou concours comportent ***le droit des sociétés*** au programme (*nota* : chez le même éditeur et dans la même collection, un **QCM spécifique** traite du **Droit des affaires – droit commercial général**).

Ce livre est divisé en **treize chapitres**, présentés dans un ordre logique, pédagogique, habituellement suivi dans les Travaux dirigés des Facultés de droit.

La lecture de ce livre permet non seulement un **autocontrôle** de ses connaissances mais aussi, par **révision** systématique, d'en **acquérir** de nouvelles en conformité avec le programme du cours.

Chapitre 1

Le contrat de société

L'ouvrage de plusieurs est plus grand. Et plus grand est le profit.

Hésiode, *Les travaux et les jours*, 381

VIIIe s. av. J.-C

1 – *La création d'une société résulte nécessairement de la conclusion d'un contrat de société :*

*

❒ a. vrai

❒ b. faux

2 – *En règle de principe, le contrat de société se présente comme un contrat :*

*

❒ a. unilatéral

❒ b. à titre onéreux

❒ c. commutatif

❒ d. translatif de propriété

3 – *Jacques et Louise sont « convenus de s'associer à parts égales dans une affaire de parfumerie... étant stipulé que les dispositions entre associés seraient définies par un contrat ». En droit, relativement à la création des sociétés, cette stipulation s'analyse comme :*

**

❒ a. un projet

❒ b. une promesse de société

❒ c. une constitution sous condition suspensive

4 – *Lorsque l'apporteur est en retard dans le versement de son apport en numéraire ou lorsqu'un souscripteur d'actions n'effectue pas les versements à la date fixée, il est :*

*

❒ a. débiteur de plein droit des intérêts des sommes dues

❒ b. débiteur des intérêts des sommes dues seulement après mise en demeure infructueuse

❒ c. considéré de plein droit comme non associé

❒ d. débiteur le cas échéant de dommages et intérêts pour le préjudice subi

5 – *Dans l'hypothèse d'un apport en nature, dans quels cas y a-t-il transfert à la société d'un droit réel ?*

*

❒ a. apport en jouissance

❒ b. apport en usufruit

❒ c. apport en propriété

6 – *Madeleine, 12 ans, reçoit un fonds de commerce à la suite d'un legs de son oncle décédé. Les parents légitimes de l'enfant qui vivent en bonne harmonie optent pour un apport de ce fonds à une SARL. Pour ce faire, il faut :*

*

❒ a. l'accord du père, seul

❒ b. le consentement du père et de la mère

❒ c. le consentement des deux parents plus l'autorisation du juge des tutelles

7 – *Parmi les actes ci-dessous, quels sont ceux que le majeur en curatelle n'est pas autorisé à faire, même avec l'assistance du curateur :*

*

❒ a. s'associer en nom collectif

❒ b. s'associer comme commandité

❒ c. apporter à la société des meubles d'usage courant

❒ d. apporter à la société des biens ayant le caractère de fruits

❒ e. apporter tous autres biens que ceux ci-dessus, y compris ses capitaux

8 – *Les époux Dupas sont mariés sous le régime de la séparation de biens. Le ménage vit au 36 rue Dufour dans un pavillon appartenant en propre au mari. Ce dernier envisage d'apporter cet immeuble à une société. Pour ce faire, le mari :*

**

❒ a. n'a pas besoin de l'accord de son épouse

❒ b. a besoin de l'autorisation de sa femme

9 – *Monsieur Raymond prévoit d'apporter à une SARL une camionnette, bien commun. Pour faire cet apport, le mari :*

*

❒ a. n'a pas besoin de l'accord de son épouse

❒ b. a besoin de l'autorisation de sa femme

10 – *Monsieur Raymond nourrit le projet d'apporter à une SARL le fonds de commerce, bien commun. Pour faire cet apport, le mari :*

*

❒ a. n'a pas besoin de l'accord de son épouse

❒ b. a besoin de l'autorisation de sa femme

11 – *Aurélie fait apport d'un droit au bail isolé (indépendamment d'un fonds de commerce) à la SA Dupuis. La société cessionnaire peut dès lors prétendre à la « propriété commerciale » :*

***

❒ a. vrai

❒ b. faux

❒ c. cela dépend

12 – *L'apport en pleine propriété d'un fonds de commerce par une personne physique à une société présente des dangers pour les chirographaires du fonds. Aussi, ces créanciers peuvent :*

*

- ❒ a. faire opposition au paiement du prix ou surenchère du sixième
- ❒ b. déclarer leurs créances au greffe du tribunal
- ❒ c. s'opposer à l'opération d'apport
- ❒ d. demander l'exigibilité immédiate de leur créance

13 – *L'apport d'une créance est un apport en :*

**

- ❒ a. nature
- ❒ b. numéraire
- ❒ c. industrie

14 – *Les apports en industrie* (indiquez les réponses justes) *:*

*

- ❒ a. concourent à la formation du capital social
- ❒ b. ne donnent pas lieu à l'attribution de parts
- ❒ c. ouvrent droit au partage des bénéfices
- ❒ d. ne font pas contribuer aux pertes

15 – *Les apports en industrie sont interdits dans les sociétés commerciales ci-dessous, sauf une où ils sont exceptionnellement permis – laquelle ?*

*

- ❒ a. dans la SARL
- ❒ b. dans les sociétés anonymes de type classique
- ❒ c. dans les sociétés anonymes de type moderne

16 – *Le célèbre arrêt des chambres réunies de la Cour de cassation :* « Caisse rurale de la commune de Manigod contre le fisc » *– 11 mars 1914 – a servi à définir la notion de :*

*

- ❒ a. perte
- ❒ b. bénéfice
- ❒ c. personne morale
- ❒ d. *affectio societatis*

17 – *La clause dite « léonine » est nulle quel que soit le type de société et ne connaît aucune exception :*

*

❒ a. vrai
❒ b. faux

18 – *Paul a reçu 1 000 parts sociales pour son apport en numéraire. Pierre a reçu 2 000 parts sociales pour l'apport d'un brevet d'invention et Marguerite 500 parts pour l'apport d'un ordinateur. Dans le silence des statuts, Denis qui a apporté son « savoir-faire » détient :*

**

❒ a. 1 000 parts sociales
❒ b. 2 000 parts
❒ c. 500 parts
❒ d. 1 part

19 – *L'objet social correspond à :*

*

❒ a. l'intérêt social
❒ b. l'activité sociale
❒ c. le type d'activité pour lequel la société se constitue
❒ d. la cause de la société

20 – *Quelle société n'a pas à répondre des actes de son dirigeant lorsque celui-ci a outrepassé l'objet social ?*

**

❒ a. SNC
❒ b. SCS
❒ c. SARL
❒ d. SA
❒ e. SCA

21 – *Après la signature et l'enregistrement des statuts de leur SARL, Maryse et Patricia doivent procéder aux formalités suivantes dont l'une est fausse – laquelle ?*

*

❒ a. l'insertion d'un avis de constitution dans un journal d'annonces légales
❒ b. le dépôt au greffe du tribunal de commerce, en annexe au registre du commerce et des sociétés, des statuts
❒ c. l'immatriculation de la société au RCS
❒ d. les insertions au Bulletin des annonces légales obligatoires
❒ e. le passage au centre de formalités des entreprises (CFE)

Grille de dépouillement

N° QUESTIONS	BONNES RÉPONSES	NOMBRE DE RÉPONSES CORRECTES	N° QUESTIONS	BONNES RÉPONSES	NOMBRE DE RÉPONSES CORRECTES
1	b		12	b	
2	b – c – d		13	a	
3	a		14	c	
4	a – d		15	a	
5	b – c		16	b	
6	c		17	b	
7	a – b – e		18	c	
8	b		19	c	
9	a		20	a – b	
10	b		21	d	
11	c				
	TOTAL			TOTAL	

\+ \+

Score sur 20

$$\frac{\square \times 20}{28} = \quad /20$$

Réponses

1 – bonne réponse : ❒ b

La définition de la société résulte de l'**article 1832 du code civil** (mouture L. 11 juill. 1985) : la société est instituée par deux ou plusieurs personnes qui conviennent par un **contrat** d'affecter à une entreprise commune des biens ou leur industrie en vue de partager le bénéfice ou de profiter de l'économie qui pourra en résulter. Elle peut être aussi instituée, dans les cas prévus par la loi (EURL et le cas échéant EARL), par l'**acte de volonté d'une seule personne** (**acte** dit **unilatéral de volonté**, cf. le testament). Les associés s'engagent à contribuer aux pertes.

2 – bonnes réponses : ❒ b ❒ c ❒ d

Le contrat de société est synallagmatique ou bilatéral (le contraire d'*unilatéral)* : il fait naître des obligations de l'associé envers la société et inversement (ex., transfert de propriété des apports en nature et en numéraire, en échange desquels l'apporteur reçoit un nombre de parts sociales équivalentes).

3 – bonne réponse : ❒ a

Projet de société : les parties envisagent éventuellement de s'associer sans être déjà d'accord sur les éléments essentiels de la future structure ; aucune obligation précise ne naît à la charge de Jacques et de Louise qui sont libres d'abandonner (Cass. 1re civ., 16 févr. 1977) ; mais le fait pour l'un de rompre brutalement et unilatéralement des pourparlers avancés est parfois jugé fautif. **La promesse de société** est plus qu'un simple projet, c'est une véritable convention : les parties ont eu l'intention de s'associer, l'objet social a été défini, l'importance et la nature des accords respectifs de chaque associé arrêtées… Mais, la promesse de société crée seulement une obligation de faire à la charge du promettant, son inexécution se résout en dommages-intérêts. **Constitution sous condition suspensive** : ex., une autorisation administrative est requise ; le consentement des associés irrévocable engage chacun si la condition se réalise.

4 – bonnes réponses : ❒ a ❒ d

Le retardataire est débiteur de plein droit des **intérêts** des sommes dues à compter du jour de leur échéance (C. civ., art. 1843-3, al. 5) et ce, sans qu'une mise en demeure ne soit nécessaire – les statuts stipulent généralement le taux de l'intérêt, à défaut l'intérêt légal s'applique. En outre, la société victime du retard peut prétendre à des **dommages et intérêts** pour le préjudice subi.

5 – bonnes réponses : ❒ b ❒ c

A la différence de l'apport en **jouissance** (mise d'un bien à la disposition de la société pour un temps déterminé – usage fréquent dans les sociétés en participation), l'apport en **pleine propriété** et celui en **usufruit** emportent transfert à la société d'un droit réel. Dans l'apport en *usufruit* – lequel est un droit réel –, ce n'est pas la propriété du bien qui est transmise, mais seulement deux de ses éléments constitutifs : *usus* et *fructus* (sans l'*abusus*).

6 – bonne réponse : ❒ c

Lorsque le mineur légitime a ses deux parents vivants ensemble (non divorcés, veuvage), il est placé sous le régime de l'**administration légale pure et simple**. En cas d'apport d'un fonds à une société, les deux parents doivent **néanmoins** obtenir l'autorisation du juge des tutelles (C. civ., art. 389-6).

7 – bonnes réponses : ❒ a ❒ b ❒ e

Le majeur en curatelle ne peut pas acquérir la qualité de commerçant, donc être associé en nom collectif ou associé commandité ; il ne peut agir seul que pour apporter à la société des **meubles d'usage courant** ou des biens ayant le caractère de **fruits** ; il doit obtenir l'assistance du curateur pour les apports de tous autres biens, y compris ses **capitaux**. Les actes que le majeur en curatelle a le pouvoir d'accomplir seul peuvent cependant être attaqués en rescision pour lésion ou réduits en cas d'excès (C. civ., art. 510-3) ou être annulés pour trouble mental. Ceux passés en violation des règles de la curatelle sont annulables.

8 – bonne réponse : ❒ b

Si en régime séparatiste, chacun des époux peut, en toute liberté, faire apport à toute espèce de société, de l'un quelconque de ses biens propres, l'article 215, alinéa 3, du Code civil, d'ordre public, interdit à un époux de disposer et donc, d'apporter à une société, sans le consentement de son conjoint, « *les droits par lesquels est assuré le logement de la famille* » (droit de propriété, droit au bail, etc.).

9 – bonne réponse : ❒ a

En cas d'apport de biens de communauté à une SNC, à une SCS ou à une SARL, l'apporteur doit en **informer** son conjoint et justifier de cette information dans l'acte d'apport (C. civ., art. 1832-2, al. 1er : ex., lettre recommandée avec accusé de réception ou signification par huissier). Cette information permet à l'époux de l'apporteur de revendiquer la qualité d'associé sur la moitié des parts ; elle ne s'impose que pour les sociétés où les parts sont non négociables (*contra* : sociétés par actions).

10 – bonne réponse : ❐ b

L'apport d'un fonds de commerce, bien commun, exige le consentement du conjoint de l'apporteur (C. civ., art. 1424). Si l'apporteur n'a pas respecté les exigences légales (obligation d'informer le conjoint ou celle d'obtenir son consentement), la sanction est que le conjoint, à moins qu'il n'ait ratifié l'acte, peut en demander l'annulation. L'**action en nullité** est ouverte pendant **deux années** à partir du jour où il a eu connaissance de l'acte, sans pouvoir jamais être intentée plus de deux ans après la dissolution de la communauté.

11 – bonne réponse : ❐ c

La durée de la jouissance du bail restant à courir au moment de l'apport a une grande importance quant à l'efficacité de l'apport lorsque le bail est apporté **isolément**. La rédaction de l'article 4, alinéa 2, du décret du 30 septembre 1953 exige que la **durée restante** soit **au moins de trois ans** pour que la société puisse prétendre au renouvellement du bail à l'expiration de celui-ci ou, à défaut, à l'indemnité d'éviction.

12 – bonne réponse : ❐ b

La loi du 17 mars 1909 relative à la vente et au nantissement des fonds de commerce comporte des dispositions protectrices des chirographaires de l'apporteur du fonds. L'apport est soumis à des **formalités de publicité** qui permettent aux créanciers non inscrits de faire une déclaration de leurs créances au greffe du tribunal dans les **dix jours** de la publication de l'avis au BODACC. Dans les **quinze jours** qui suivent l'expiration du délai de la déclaration, un associé peut requérir du tribunal de prononcer l'annulation de la société ou de l'apport. A défaut ou si l'annulation n'est pas prononcée, la société devient **débitrice solidairement** des seules créances déclarées.

13 – bonne réponse : ❐ a

Il obéit à des règles particulières : il doit être **signifié au débiteur** ou « accepté » par lui dans un acte authentique (C. civ., art. 1690) ; à défaut, l'apport est inopposable aux tiers, y compris au débiteur cédé. Evidemment, si la créance est constatée dans un titre négociable, il convient d'appliquer les règles propres à ces titres : simple endossement pour les titres à ordre, transfert pour les titres nominatifs, tradition manuelle pour les titres au porteur. L'apporteur ne garantit que l'**existence** de la créance, **sauf** s'il s'engage à garantir la **solvabilité** du débiteur. Toutefois, cette règle ne joue plus lorsque la remise d'une créance sur un tiers est faite **pour libérer un apport en numéraire**. Dans ce cas, s'il y a impayé, l'apporteur doit verser l'intégralité de la somme promise en apport.

14 – bonne réponse : ❒ c

Avec l'apport en industrie, l'associé met à la disposition de la société son **travail** ou ses **services**, son **savoir-faire**... L'article 1843-2 du Code civil (mouture L. du 10 juillet 1982) applicable à toutes les sociétés précise que : « *Les apports en industrie ne concourent pas à la formation du capital social mais donnent lieu à l'attribution de parts ouvrant droit au partage des bénéfices et de l'actif net, à charge de contribuer aux pertes* ». Les parts représentatives d'un apport en industrie sont intransmissibles (cf. l'*intuitu personae*).

15 – bonne réponse : ❒ a

L'attribution de parts sociales en rémunération d'apports en industrie est exceptionnellement autorisée par l'article 38, alinéa 2, de la loi du 24 juillet 1966 (L. 10 juill. 1982) aux conditions suivantes : l'objet de la **SARL** doit porter sur l'exploitation d'un fonds de commerce ou d'une entreprise artisanale (mais non-activité agricole ou libérale) ; le fonds doit avoir été apporté à la SARL ou créé par elle à partir d'éléments corporels ou incorporels apportés en nature ; l'apport en industrie est admis au seul bénéfice de **l'époux apporteur en nature et/ou de son conjoint** ; l'apport en industrie doit constituer l'activité principale de celui qui le fait et être en relation directe avec la réalisation de l'objet social.

16 – bonne réponse : ❒ b

L'arrêt a défini le **bénéfice** comme « *tout gain pécuniaire ou gain matériel qui* ***ajouterait*** *à la fortune des associés* » (enrichissement *positif* et non pas simple économie). La **loi** du 4 janvier **1978** a bouleversé la définition du contrat de société en faisant dire à l'**article 1832 du Code civil** que la société est instituée par deux ou plusieurs personnes... « en vue de partager le bénéfice ou *de profiter de l'****économie*** *qui pourra en résulter* ».

17 – bonne réponse : ❒ b

L'article 1844-1, alinéa 2, du Code civil, dispose qu'est réputée **non écrite** « *la stipulation attribuant à un associé la totalité du profit procuré par la société* » ou encore « *celle excluant totalement un associé du profit* ». La prohibition a un caractère général : elle vaut tant dans les sociétés de personnes que de capitaux, que dans les sociétés en participation. Mais, la société **EURL** (voire l'EARL unipersonnelle) n'est pas concernée, puisqu'elle n'a qu'**un associé** qui reçoit « *la totalité du profit procuré par la société* ».

18 – bonne réponse : ❒ c

Dans le silence des statuts, l'article 1844-1, alinéa 1, du Code civil prévoit une **répartition proportionnelle**, aussi bien des bénéfices que des pertes, au montant des apports en espèces ou en nature effectués par les associés. S'il s'agit d'apports en jouissance, on tient compte de la valeur de jouissance du bien, c'est-à-dire de la valeur nominale de la part attribuée à l'apporteur. S'il s'agit d'**apports en *industrie*, la part de l'associé est égale à celle de l'associé qui a fait l'apport le plus faible en espèces *ou* en nature**. Dans le silence des statuts, ces mêmes règles de répartition s'appliquent pour le boni de liquidation (C. civ., art. 1844-9).

19 – bonne réponse : ❒ c

L'objet social : ensemble des activités déterminées par le pacte social (défini dans les statuts) que la société peut exercer (caractère objectif et prédéfini). **L'intérêt social** : l'art. 1833 C. civ. – « *toute société doit... être constituée dans l'intérêt commun des associés* » – exprime l'intérêt social. Dans une approche plus large, on englobe aussi l'intérêt des partenaires de la sociétés (ses salariés, ses cocontractants et ses créanciers). **L'activité sociale** : la mise en œuvre de l'objet social, donc l'objet social réel, effectif. **La cause de la société**, qui est le *mobile* de l'activité convenue – l'objet social peut parfaitement être licite alors que la cause ne l'est pas : société constituée pour une entente prohibée.

20 – bonnes réponses : ❒ a ❒ b

L'ordonnance du 20 décembre 1969, harmonisant la **loi de 1966** avec une directive européenne, renforce la **protection des tiers** en décidant que les gérants de SARL ou de SCA (L. 24 juill. 1966, art. 49 et 255), le conseil d'administration et son président dans la société anonyme de type classique (art. 98 et 113) et le directoire dans celle de type moderne (art. 124), **engagent la société** même par des actes qui **excèdent l'objet social**. Aucune clause statutaire ne permet d'écarter l'engagement de la société. Par exception, celle-ci n'est pas tenue si elle prouve que le tiers avec lequel le dirigeant a contracté connaissait le dépassement de l'objet social ou ne pouvait l'ignorer compte tenu des circonstances.

21 – bonne réponse : ❒ d

Il s'agit du **Bulletin officiel des annonces civiles et commerciales (BODACC)**. Les insertions au BALO concernent uniquement les sociétés par actions faisant appel public à l'épargne. *Complément* : les centres de formalités des entreprises ont pour objet de permettre aux entreprises de souscrire en un même lieu et sur un même document les déclarations auxquelles elles sont tenues par les lois et règlements dans les domaines juridique, administratif, social, fiscal et statistique, afférentes à leur création, à la modification de leur situation et à la cessation de leur activité (URSSAF, ASSEDIC, services fiscaux).

CHAPITRE 2

La personnalité morale

La Clause Léonine

LA GÉNISSE, LA CHÈVRE ET LA BREBIS, EN SOCIÉTÉ AVEC LE LION

La génisse, la chèvre et leur sœur la brebis,
Avec un fier lion, seigneur du voisinage,
Firent société, dit-on, au temps jadis,
Et mirent en commun le gain et le dommage.
Dans les lacs de la chèvre un cerf se trouva pris.
Vers ses associés aussitôt elle envoie.
Eux venus, le lion par ses ongles compta,
Et dit : « Nous sommes quatre à partager la proie ».
Puis en autant de parts le cerf il dépeça ;
Prit pour lui la première en qualité de sire.
« Elle doit être à moi, dit-il, et la raison,
C'est que je m'appelle lion.
A cela l'on n'a rien à dire.
La seconde, par droit, me doit échoir encore :
Ce droit, vous le savez, c'est le droit du plus fort,
Comme le plus vaillant, je prétends la troisième.
Si quelqu'un de vous touche à la quatrième.
Je l'étranglerai tout d'abord ».

Jean de la Fontaine

1 – *En droit français, un groupement ne peut se prévaloir de la personnalité morale que si une loi lui a expressément reconnu cet attribut :*

*

❒ a. vrai ❒ b. faux

2 – *Le tribunal arbitral composé d'une collégialité d'arbitres a-t-il la personnalité morale ?*

**

❒ a. oui

❒ b. non

❒ c. cela dépend

3 – *Annie et Bernadette ont constitué une SARL « BeautéMode » pour une durée statutaire limitée à dix ans. A l'expiration de ce délai, aucune prorogation n'a été décidée par les deux associées. En droit, la société :*

***

❒ a. n'a plus la personnalité morale et cesse d'exister

❒ b. est renouvelée par tacite reconduction pour une durée de 10 ans

❒ c. est renouvelée par tacite reconduction pour une durée indéterminée

❒ d. survit pour les besoins de sa liquidation

4 – *Aujourd'hui, une société commerciale – ex., SARL – immatriculée au RCS peut avoir pour numéro d'identification :*

**

❒ a. RCS Pontoise B 321 106 489

❒ b. 321 106 489 RCS Pontoise

5 – *L'immatriculation au registre du commerce et des sociétés :*

*

❒ a. confère à la société la jouissance de la personnalité morale

❒ b. marque le point de départ de la durée de la société

❒ c. les engagements souscrits au nom de la société pendant la période de sa formation deviennent engagements sociaux après l'immatriculation au registre du commerce et des sociétés, s'ils sont repris par cette société, soit automatiquement, soit expressément

❒ d. sur production du certificat d'immatriculation (K bis), permet de retirer les fonds provenant de la libération des parts d'une SARL ou de la souscription des actions en numéraire d'une société par actions

6 – *M. Bordas, fondateur et « PDG » d'une SA a consenti à ce que la société prenne son patronyme à titre de dénomination sociale. Quinze ans plus tard, M. Bordas se retire de la société et prétend interdire à la SA de continuer à faire usage de son nom. M. Bordas est :*

**

❒ a. dans son droit

❒ b. dans l'erreur

7 – *Mme Ducord, veuve Pinorus, peut-elle transmettre à une SARL le nom de son défunt mari, patronyme qu'elle a toujours employé pour ses affaires ?*

***

❒ a. oui

❒ b. non

8 – *Les personnes morales peuvent jouir de certains droits qui sont refusés aux personnes physiques :*

*

❒ a. vrai

❒ b. faux

9 – *Pour faciliter les créations de sociétés, les fondateurs peuvent installer de façon* provisoire *le siège de leur société dans le local d'habitation du représentant social (gérant, P-DG). Cette durée ne peut excéder :*

*

❒ a. un an

❒ b. deux ans

❒ c. trois ans

❒ d. cinq ans

10 – *Succursale et filiale sont des notions considérées comme synonymes :*

*

❒ a. vrai

❒ b. faux

11 – *La Société Lucas expédie de la gare de Castres des marchandises livrables par la SNCF à la Société Plior, en gare d'Agen. Les colis ayant subi des avaries imputables au transporteur, la Société Lucas décide d'intenter un procès à la SNCF. Cette dernière peut être assignée* seulement *devant le tribunal de :*

**

❒ a. Castres

❒ b. Agen

❒ c. Paris

❒ d. devant n'importe lesquels de ces trois tribunaux, au choix de la demanderesse

12 – *La Société Philbert a son siège social à Nanterre et une succursale à Amiens. Un client de la succursale d'Amiens, ayant aujourd'hui ni domicile, ni résidence connus, n'a pas réglé un achat. La Société Philbert peut agir en justice contre ce débiteur en saisissant le tribunal de :*

***

❒ a. Nanterre, seulement

❒ b. Amiens, uniquement

❒ c. Nanterre ou Amiens, au choix de la demanderesse

13 – *Une société multinationale a son* siège social *à l'étranger, Beyrouth (Liban), un* établissement principal *à Bordeaux et un* établissement secondaire *à Lyon. Cette personne morale peut être mise en redressement judiciaire en France devant le Tribunal de :*

***

❒ a. Lyon

❒ b. Bordeaux

❒ c. Paris (le tribunal de la capitale étant compétent pour les sociétés ayant leur siège social à l'étranger)

14 – *La SA Letu, 10 salariés et 5 millions d'euros de chiffre d'affaires annuel, a son siège social depuis cinq ans à Castres. Le Conseil d'administration décide du transfert dans un ressort limitrophe : Albi, pour la raison avancée que les loyers seraient moins onéreux. Quatre mois après le changement de siège, la SA dépose son bilan. Le tribunal de commerce territorialement compétent pour connaître de la faillite est celui de :*

**

❐ a. Castres

❐ b. Albi

❐ c. Albi ou Castres, au choix de la société Letu

15 – *Une assignation en justice a omis la mention de l'identité du représentant légal d'une personne morale. L'exploit d'huissier est-il nul, comme ayant violé une formalité substantielle ?*

***

❐ a. oui

❐ b. non

16 – *La notification d'un jugement civil a été faite par courrier à une personne morale et ce en vue de faire partir le délai d'appel. Philippe, simple préposé de cette société, a signé l'accusé de réception. La notification est-elle valablement faite à la personne morale ?*

***

❐ a. oui ❐ b. non

17 – *Lorsqu'un associé agit au nom de la société contre les dirigeants en place qui auraient causé un préjudice à la personne morale, on dit que l'associé exerce l'action :*

*

❐ a. sociale

❐ b. *ut singuli*

❐ c. personnelle

18 – *En cas de crise ou de grave difficulté, le juge peut désigner un tiers intervenant avec pour conséquence le* dessaisissement *des organes sociaux.* Stricto sensu *ce tiers prend le nom de :*

***

❐ a. administrateur provisoire

❐ b. contrôleur

❐ c. observateur de gestion

❐ d. mandataire de justice *ad hoc*

19 – *Le débiteur personnel (Marcel) de l'un des associés (Jean) peut-il lui opposer, pour ne pas payer, la créance qu'il a lui-même contre la personne morale :*

*

❒ a. oui

❒ b. non

20 – *Le principe de l'irresponsabilité pénale des personnes morales a d'abord été* expressément *posé dans :*

**

❒ a. le Code civil de 1804

❒ b. le Code de commerce de 1807/1808

❒ c. le Code pénal de 1810

❒ d. la jurisprudence

21 – *L'abandon du principe traditionnel de l'irresponsabilité pénale des personnes morales a été solennellement opéré dans notre droit en :*

*

❒ a. 1966

❒ b. 1984

❒ c. 1992

❒ d. 1994

22 – *Parmi les groupements ci-dessous, lesquels échappent à la responsabilité pénale :*

**

❒ a. l'Etat

❒ b. une EURL

❒ c. une société civile immobilière

❒ d. une société en participation

❒ e. une coopérative sous forme de SA

❒ f. une société créée de fait

23 – *Une banque ayant la forme de société anonyme peut être pénalement responsable lorsqu'elle a profité d'une escroquerie au préjudice d'un client commise par le :*

**

❒ a. président-directeur général

❒ b. caissier

❒ c. conseil d'administration

24 – *Lorsqu'une personne morale encourt une peine d'*amende, *le montant maximum de celle-ci est égal à l'amende prévue pour les personnes physiques pour la même infraction multipliée par :*

*

❒ a. deux

❒ b. trois

❒ c. cinq

❒ d. dix

❒ e. vingt

❒ f. c'est le même montant :
principe d'égalité devant la loi pénale

25 – *Les co-gérants, Lucien et Raymond, de la SARL Lepic peuvent-ils se voir réclamer le paiement des amendes prononcées à la suite des stationnements irréguliers des véhicules dont la société est propriétaire ?*

***

❒ a. non

❒ b. oui, mais sans solidarité entre eux

❒ c. oui, et avec solidarité entre eux

26 – *Le mécanisme du casier judiciaire des personnes morales repose sur un :*

**

❒ a. bulletin n° 1

❒ b. bulletin n° 2

❒ c. bulletin n° 3

27 – *Les associés d'une SARL qui ont valablement décidé de la dissolution de leur société peuvent-ils pendant les opérations de liquidation se raviser ?*

**

❒ a. oui

❒ b. non

❒ c. oui, avec une autorisation judiciaire

28 – *Est-il possible que les associés de la SARL Beauchamp décident qu'une seule assemblée statuera* à la fois sur la dissolution et la clôture de la liquidation *et qu'il s'ensuivra au registre du commerce et des sociétés une* publicité unique ?

***

- ❒ a. il suffit d'une seule assemblée et d'une unique publicité
- ❒ b. il faut tenir deux assemblées mais ensuite une seule publicité est possible
- ❒ c. il suffit d'une unique assemblée mais suivie de deux publicités
- ❒ d. il faut deux assemblées distinctes et deux publicités différentes

Grille de dépouillement

N° QUESTIONS	BONNES RÉPONSES	NOMBRE DE RÉPONSES CORRECTES	N° QUESTIONS	BONNES RÉPONSES	NOMBRE DE RÉPONSES CORRECTES
1	b		15	b	
2	b		16	a	
3	d		17	b	
4	b		18	a	
5	a – b – c – d		19	b	
6	b		20	d	
7	b		21	c – d	
8	a		22	a – d – f	
9	b		23	a – c	
10	b		24	c	
11	d		25	c	
12	a		26	a – b	
13	b		27	b	
14	a		28	d	
	TOTAL			TOTAL	

\+ \+

Score sur 20

$$\frac{\square \times 20}{36} = \quad /20$$

Réponses

1 – bonne réponse : ❒ b

Après avoir proposé deux extrêmes – la **théorie de la fiction** (pas de personnalité juridique sans déclaration légale) et la **théorie de la réalité** –, la doctrine dominante et la Cour de cassation se rattachent, aujourd'hui, à la thèse de la réalité clairement exposée dans l'arrêt du 28 janvier **1954** (**Comité d'établissement de Saint-Chamond**), dont voici l'attendu principal : « *La personnalité civile n'est pas une création de la loi ... elle appartient, en principe, à tout groupement pourvu d'une possibilité d'expression collective pour la défense d'intérêts licites, dignes, par suite, d'être juridiquement protégés* ». Capitale, cette déclaration de principe qui, au regard de la théorie générale de la personnalité morale, condamne une thèse et en consacre une autre, contient l'énoncé des critères utiles à la détection des personnes morales : 1 – une possibilité d'expression collective ; 2 – l'existence d'intérêts licites.

2 – bonne réponse : ❒ b

Un tribunal arbitral n'est pas une personne morale. Il n'a pas de personnalité juridique qui serait distincte de celle de chacun des arbitres qui le composent. Conséquences : son fonctionnement collégial impose à chaque membre de veiller personnellement au bon déroulement de la procédure ; un arbitre peut demander seul la prorogation du délai d'arbitrage et ce d'autant qu'un retard dans le prononcé de la sentence est susceptible d'engager sa responsabilité personnelle.

3 – bonne réponse : ❒ d

La société qui a pris fin par l'expiration du temps pour lequel elle a été constituée (ex. dans l'espèce 10 ans ; maximum légal 99 ans), sans que les associés aient dans le délai requis décidé sa prorogation, se **survit pour les besoins de sa liquidation** (ce qui en pratique peut durer un temps assez long)...ce qui entraîne des conséquences pratiques, ex., : ses statuts continuent de régir les rapports internes entre les associés.

4 – bonne réponse : ❒ b

Depuis le décret du 16 mai **1997**, pris en application de la loi du 11 février 1994, le numéro unique d'identification **SIREN** remplace le numéro d'immatriculation au RCS sur les documents commerciaux. En conséquence, la lettre qui désignait la forme de l'entreprise est supprimée (A – commerçant personne physique ; **B sociétés commerciales par la forme** ; C – GIE et D sociétés civiles). La mention *RCS* suivie du **nom de la ville** où la société est immatriculée doit suivre le numéro unique d'identification de l'entreprise.

5 – bonnes réponses : ❒ a ❒ b ❒ c ❒ d

a. L. 24 juill. 1966, art. 5 al. 1 : « *Les sociétés commerciales jouissent de la personnalité morale à dater de leur immatriculation au registre du commerce et des sociétés* » – disposition fondamentale. **b.** Décr. 23 mars 1967, art. 1er , al. 2. **c.** Article 5, alinéa 2, de la loi du 24 juillet 1966. **d.** SARL : L. 24 juill. 1966, art. 39 ; D. 23 mars 1967, art. 23 ; SA : L. 24 juill. 1966, art. 83, 84, 251, D. 23 mars 1967, art. 70.

6 – bonne réponse : ❒ b

Le patronyme compris dans la dénomination sociale devient « *un signe distinctif qui* ***s'est détaché*** *de la personne physique qui le porte pour s'appliquer à la personne morale qu'il distingue* ». Ce nom devient ainsi objet de propriété incorporelle pour la société. Par suite, son fondateur, après son retrait, ne peut interdire à la SA l'utilisation de son patronyme dans sa dénomination sociale (Cass. com., 12 mars 1985).

7 – bonne réponse : ❒ b

Une femme mariée ou une veuve ne peut transmettre à une société aucun droit sur le nom patronymique de son mari, quand bien même elle l'aurait utilisé pendant de nombreuses années dans ses activités commerciales. Son droit d'usage (reconnu par la loi du 23 déc. 1985) n'implique pas qu'elle ait acquis ce nom (ex., en ce sens : CA Paris, 22 sept. 1993, *Société de restauration Chazalon c/Époux Dias Ferreira*).

8 – bonne réponse : ❒ a

La loi réserve parfois la jouissance de certains droits aux personnes morales, excluant donc de leur bénéfice les personnes physiques : ex., possibilité de faire publiquement appel à l'épargne ou d'émettre des titres négociables ; possibilité pour la personne morale associée d'une SARL, membre du conseil d'administration ou du conseil de surveillance d'une société anonyme, de bénéficier de prêts ou de garanties consentis par la société (L. 24 juill. 1966, art. 51, 106 et 148) ; possibilité pour la personne morale de cumuler sans limite les mandats d'administrateurs ou de membres du conseil de surveillance (L. 24 juill. 1966, art. 92 et 136), etc.

9 – bonne réponse : ❒ b

La personne qui demande son immatriculation lors de la création d'une entreprise est autorisée à en installer le siège dans le local d'habitation du représentant légal pour une durée qui ne peut excéder **deux ans** (ni dépasser le terme légal, contractuel ou judiciaire de l'occupation des locaux). Avant l'expiration de cette période, la personne doit, sous peine de radiation d'office, communiquer au greffe du tribunal le titre justifiant de la jouissance des locaux affectés au siège de la société. Si le bailleur ou le syndic le demande par lettre recommandée avec avis de réception au plus tard deux mois avant l'expiration de cette période, le copropriétaire ou le locataire doit justifier du transfert du siège de son entreprise. A défaut de justification du transfert au jour de l'expiration de ladite période, le tribunal constate la résiliation de plein droit du bail ou condamne le copropriétaire, le cas échéant sous astreinte, à se conformer aux clauses du règlement de copropriété, et fixe, s'il y a lieu, des dommages et intérêts. Evidemment, il ne peut résulter de cette faculté ni un changement de destination de l'immeuble, ni l'application du statut des baux commerciaux.

10 – bonne réponse : ❐ b

Contrairement à la **filiale**, la **succursale** n'a aucune autonomie juridique, aucune personnalité morale propre, aucun patrimoine d'affectation. La succursale suppose : l'existence d'un établissement distinct ; une direction assurée par un préposé apte à traiter avec les tiers ; une identité d'activité avec le siège social et une autonomie de clientèle.

11 – bonne réponse : ❐ d

Est-il possible à un demandeur d'attraire une **personne morale** au lieu d'implantation de sa succursale ? Conformément à une jurisprudence constante (arrêt de principe Cass. req. 19 juin 1876) dite *théorie des gares principales*, il est possible à un demandeur d'assigner une personne morale à son **siège social** (Paris pour la SNCF) ou au siège de sa **succursale** à deux conditions cumulatives : – la succursale doit être un établissement de la société disposant d'une *relative autonomie* (ex. à sa tête se trouve un fondé de pouvoirs...) ; – la *cause de l'action* (le fait dommageable, le contrat...) doit présenter un lien étroit avec l'activité de la succursale (ex., gare d'expédition ou de réception des marchandises...).

Remarquons qu'au niveau des règles de *compétence internationale*, il résulte de l'art. 5, 5° de la Convention de Bruxelles du 27 septembre 1968, qu'une succursale se caractérise par un *centre d'opération* qui se manifeste d'une manière *durable* vers l'extérieur comme le *prolongement d'une maison mère* pourvue d'une *direction* et *matériellement équipé* de façon à pouvoir *négocier des affaires*, avec des tiers, de telle sorte que ceux-ci, tout en sachant qu'un lien de droit s'établira avec la maison mère dont le siège est à l'étranger, sont dispensés de s'adresser directement à celle-ci et peuvent conclure des affaires au centre d'opération qui en constitue le prolongement.

12 – bonne réponse : ❐ a

Devant quel tribunal une société ayant en France son siège social et des succursales, doit-elle assigner le défendeur ayant ni domicile, ni résidence connus ? Aux termes de l'art. 42 al. 3 du Code de procédure civile (mouture décret du 12 mai 1981), si le défendeur n'a ni domicile ni résidence connus, le **demandeur** peut saisir la juridiction du lieu où il demeure. Cette **exception** au principe général de compétence territoriale reçoit tout naturellement une **interprétation étroite**. C'est pourquoi, la jurisprudence, **écartant la *théorie des gares principales,*** décide que, si la demanderesse est une **personne morale**, le tribunal compétent ne peut être *que* celui du *siège social* et non celui du lieu d'une succursale.

13 – bonne réponse : ❒ b

Le tribunal français territorialement compétent pour connaître du redressement judiciaire est celui dans le ressort duquel le débiteur a : – soit le *siège* de son entreprise lorsque celui-ci est situé en France. La règle ne joue donc pas si le siège social est situé à l'étranger, à moins que le tribunal, après avoir déclaré *fictif* le *siège statutaire*, localise en France le siège *social réel* ; – soit, à défaut de siège social en territoire français, *un principal établissement* (peu importe qu'il y en ait de plus importants en pays étrangers). En l'espèce, la succursale de Bordeaux étant « le principal établissement » par rapport à celui, secondaire, de Lyon, le tribunal bordelais est compétent pour ouvrir un redressement judiciaire (art. 1er du décret du 27 déc. 1985 étendu à l'ordre international).

14 – bonne réponse : ❒ a

Aux termes de l'article 1er du décret du 27 décembre 1985, modifié par le décret du 21 octobre 1994, le tribunal territorialement compétent pour connaître du redressement judiciaire est celui dans le ressort duquel le débiteur a le **siège de son entreprise** ou, à défaut de siège en territoire français, *le centre principal de ses intérêts* en France. Toutefois, en cas de **changement** de siège social de la personne morale dans les **6 mois** ayant précédé la saisine du tribunal, la juridiction dans le ressort de laquelle se trouvait le **siège initial** demeure **seule compétente**.

15 – bonne réponse : ❒ b

L'assignation doit contenir les mentions prescrites pour les actes d'huissier de justice, et, à peine de nullité, un tel acte indique notamment, s'il doit être signifié, le nom et le domicile du destinataire ou s'il s'agit d'une personne morale, sa dénomination et son siège social**. La mention de l'identité du représentant légal** d'une personne morale n'est **pas une formalité substantielle**.

16 – bonne réponse : ❒ a

Lorsque la notification est faite **par huissier** de justice à une personne morale, celle-ci se fait à son **représentant légal**, à un **fondé de pouvoir** ou à toute autre **personne spécialement habilitée** (art 654 C. proc. civ.). Si la notification est adressée par **voie postale**, elle doit être faite au lieu d'établissement de la société (art. 690) et la jurisprudence **interprète largement** cette faculté : « *la signature sur avis de réception est réputée avoir été apposée par le représentant légal ou une personne* *habilitée* » (Cass. civ. 3, 2 févr. 1994) et plus encore : « *est régulière et a donc fait courir le délai d'appel la lettre de notification parvenue au lieu d'établissement, même si l'avis de réception a été signée par un préposé ne faisant pas partie des personnes habilitées par la société à recevoir le courrier recommandé* » (Cass. civ. 2, 22 janv. 1997).

17 – bonne réponse : ❒ b

La société a qualité pour agir lorsqu'elle a subi personnellement le préjudice dû à la faute d'un dirigeant : on parle d'**action sociale**. Mais, dans la mesure où cette action de la personne morale doit normalement être exercée par ceux qui la représentent, il est rare que ses dirigeants se poursuivent eux-mêmes. Aussi, il est admis que les associés puissent se substituer aux organes sociaux défaillants en exerçant, à leur place, cette action sociale – on parle alors d'action ***ut singuli*** (article 1843-5 nouveau du code civil). L'associé qui subit un préjudice personnel (ex., non-convocation à une assemblée) exerce pour son propre compte une **action personnelle**.

18 – bonne réponse : ❒ a

Le dessaisissement des organes sociaux ne se produit que lorsqu'est nommé un véritable **administrateur provisoire**, et non pas un simple **contrôleur** ou **observateur de gestion** dans le but uniquement conservatoire. Le dessaisissement des organes sociaux n'a pas davantage lieu lorsqu'est nommé un **mandataire de justice** *ad hoc* recevant une mission précise (ex., convoquer une assemblée générale en cas de carence des dirigeants).

19 – bonne réponse : ❒ b

C'est l'une des conséquences que la société jouit de la personnalité juridique : la **compensation** n'est donc pas possible, les personnes respectivement créancières et débitrices n'étant pas les mêmes.

20 – bonne réponse : ❒ d

L'idée étant que l'infraction suppose un être doué de volonté et apte à comprendre le sens de la peine infligée, la jurisprudence ancienne avait posé le principe de l'irresponsabilité pénale des personnes morales (Cass. crim., 8 mars 1883) en affirmant que – sauf textes particuliers – « l'amende..., étant personnelle comme toute peine..., ne peut être prononcée contre une société commerciale, être moral, laquelle ne peut encourir qu'une responsabilité civile » (suivi de : Cass. crim., 10 janv. 1929 ; 3 févr. 1955 ; 26 nov. 1963). Et déjà sous l'Ancien régime A. Loysel : « *tous les délits sont personnels, en crime il n'y a pas de garants* ».

21 – bonnes réponses : ❒ c ❒ d

Plus précisément par la loi du 22 juillet **1992** portant réforme des dispositions générales du nouveau Code pénal (abrogeant celui de 1810), lequel est entré en vigueur le 1er mars **1994**.

22 – bonnes réponses : ❒ a ❒ d ❒ f

Les **personnes morales**, à l'exclusion de l'**Etat**, sont responsables pénalement, dans les cas prévus par la loi ou le règlement, des infractions commises, pour leur compte, par leurs organes ou représentants. Toutefois, les collectivités territoriales et leurs groupements ne sont responsables pénalement que des infractions commises dans l'exercice d'activités susceptibles de faire l'objet de conventions de délégation de service public. Seules les sociétés ayant la **personnalité morale** peuvent engager leur responsabilité, donc pas les sociétés en participation et sociétés créées de fait.

23 – bonnes réponses : ❒ a ❒ c

L'article 121-2 du Code pénal rend les sociétés responsables « des infractions commises, pour leur compte, par leurs **organes** ou **représentants** ». Une société ne peut donc être déclarée **pénalement** responsable des infractions commises, même à son profit, par l'un de ses employés dénué de toute qualité pour la représenter (sa responsabilité civile est possible).

24 – bonne réponse : ❒ c

On parle d'un taux maximum applicable égal au **quintuple**.

25 – bonne réponse : ❒ c

Aux termes de l'art. L. 21-1 dernier al. du C. route : si le titulaire d'un certificat d'immatriculation d'un véhicule est une **personne morale**, la responsabilité *pécuniaire* des infractions à la réglementation du stationnement incombe **au représentant légal** de celle-ci.

Ce texte permet une responsabilité pécuniaire **solidaire** des dirigeants, puisque chacun a vocation à représenter la société. Il est donc possible – sans heurter le principe de la *personnalité des peines* – de réclamer **à chacun** des co-gérants solidaires, **l'intégralité** du montant des amendes prononcées à la suite des mauvais stationnements des véhicules propriétés de la société.

26 – bonnes réponses : ❒ a ❒ b

a. Qui n'est délivré qu'aux autorités judiciaires nationales, sauf accord de réciprocité ; **b.** Délivré aux préfets, aux administrations de l'Etat, aux collectivités locales… Mais la communication au représentant légal de la personne morale ne prend pas la forme d'une copie. **c.** Contrairement au régime applicable aux personnes physiques, il n'existe pas de bulletin n° 3 ; le contraire aurait pu nuire à la personne morale, notamment française en concurrence avec des sociétés étrangères non soumises dans leur pays à ce mécanisme.

27 – bonne réponse : ❐ b

Aux termes de l'art. 391 al. 2 de la loi du 24 juillet 1966 : *La personnalité morale de la société subsiste pour les besoins de la liquidation jusqu'à la clôture de celle-ci.* Par le dépôt au greffe des comptes du liquidateur, le greffier radie la société du RCS, ce qui lui retire la personnalité morale. En jurisprudence, on décide : 1 – que *l'assemblée générale d'une société ne peut – en cours de liquidation – que prendre des décisions se rattachant aux opérations qui commandent la liquidation* (Cass. com. 21 juillet 1983) ; 2 – qu'il n'est pas du pouvoir de la volonté des associés, fut-elle unanime, de décider qu'il n'y a plus lieu de procéder à la liquidation et au partage... (Cass. com. 24 octobre 1989). En conséquence, la procédure de liquidation amiable une fois décidée est **définitive**, **irréversible**. La société SARL (ou SA...) ne saurait revivre.

28 – bonne réponse : ❐ d

Selon l'article 23 du décret du 30 mai 1984, la dissolution d'une société doit faire l'objet d'une inscription modificative au registre du commerce avec des indications relatives au liquidateur et à la publicité de sa nomination. Cette publicité est réglementée par l'article 290 du décret du 23 mars 1967. Selon les articles 397 et 496 de la loi du 24 juillet 1966 après approbation des comptes, la clôture de la liquidation doit être constatée par une assemblée générale convoquée par le liquidateur et faire l'objet d'une publicité par celui-ci. Il résulte de ces dispositions que le législateur a prévu **deux assemblées distinctes** pour prononcer la dissolution et approuver les comptes de la liquidation et **deux publicités différentes**, quelle que soit la société, même mise en sommeil ; admettre qu'une seule assemblée puisse statuer *sur la dissolution* **et** *la clôture de la liquidation* et donner lieu à une publicité unique reviendrait à diminuer la portée de **l'information des tiers**.

CHAPITRE 3

La Société en nom collectif (SNC)

N'attelle pas ensemble l'âne et le cheval.

Proverbes (français) ruraux et vulgauz

Manuscrit XIVe s. Paris, Bibl. nat.

1 – *Parmi les principales caractéristiques de la société en nom collectif, laquelle est fausse :*

*

❒ a. la commercialité

❒ b. la personnalité morale

❒ c. l'*intuitu personae*

❒ d. les associés tenus des dettes sociales proportionnellement à leur part dans le capital social

2 – *Pour la création d'une SNC, la loi du 24 juillet 1966 a expressément fixé un nombre d'associés :*

*

❒ a. minimum

❒ b. maximum

❒ c. n'a fixé aucun minimum ni maximum

3 – *Parmi les personnes ci-dessous, qui peut être associé d'une SNC ?*
**

- ❐ a. le mineur non émancipé
- ❐ b. le mineur émancipé
- ❐ c. le majeur en tutelle
- ❐ d. le majeur en curatelle
- ❐ e. le majeur sous sauvegarde de justice
- ❐ f. une société civile

4 – *La SARL Lebas comprend deux associés : Paul et Pierre. La SARL est associée dans la SNC Martin et Cie. Les créanciers de la SNC qui ne sont pas payés par cette dernière peuvent réclamer leur dû sur l'ensemble des biens :*
***

- ❐ a. de la SARL Lebas
- ❐ c. de Pierre
- ❐ b. de Paul

5 – *En raison de la responsabilité* indéfinie et solidaire aux dettes sociales, *une même personne physique ou morale ne peut évidemment faire partie que d'une seule SNC :*
**

- ❐ a. vrai
- ❐ b. faux

6 – *La SNC est désignée par une :*
*

- ❐ a. dénomination sociale
- ❐ b. raison sociale

7 – *Sur ses lettres, factures, annonces et publications diverses que la SNC adresse aux tiers, elle doit mentionner outre sa dénomination sociale, les mots « société en nom collectif » ou l'abréviation « SNC ». L'absence de cette dernière mention :*
**

- ❐ a. ne fait l'objet d'aucune sanction
- ❐ b. constitue une contravention de police
- ❐ c. consomme un délit relevant du tribunal correctionnel

8 – *Dans certains cas, l'objet social limite pour les fondateurs le choix de la forme sociale. La loi ne permettant qu'une option limitée interdit* a contrario *le recours aux autres formes sociales. Ainsi, les sociétés exploitant une* officine de pharmacie *revêtent obligatoirement la forme de :*

**

❐ a. SNC

❐ b. SCS

❐ c. SARL

❐ d. SA

9 – *Deux époux peuvent ensemble, seuls ou avec d'autres, être associés dans la même SNC depuis la loi du :*

*

❐ a. 24 juillet 1966

❐ b. 4 janvier 1978

❐ c. 10 juillet 1982

❐ d. 23 décembre 1985

10 – *A moins que sa continuation ne soit prévue par les statuts ou que les autres associés ne la décident à l'unanimité le moment venu, la dissolution de la SNC est encourue quand l'un des associés, commerçant par ailleurs, fait personnellement l'objet :*

***

❐ a. d'un jugement d'ouverture de redressement judiciaire

❐ b. d'un plan de continuation

❐ c. d'un plan de continuation avec plan de cession partielle

❐ d. d'un jugement de liquidation judiciaire

❐ e. d'un plan de cession totale

11 – *Les mentions ci-dessous doivent* obligatoirement *figurer dans les statuts de la SNC. Une est facultative : laquelle ?*

*

❐ a. la forme de la société (SNC)

❐ b. la durée

❐ c. la désignation du ou des gérants

❐ d. la dénomination sociale

❐ e. le siège social

❐ f. l'objet social

❐ g. le montant du capital social

❐ h. l'identité des associés

12 – ***La constitution d'une SNC implique l'accomplissement des formalités suivantes dont l'une est fausse, laquelle ?***

**

- ❒ a. insertion d'un avis de constitution dans un journal d'annonces légales du lieu du siège social
- ❒ b. dépôt au greffe du tribunal de commerce du lieu du siège social de deux exemplaires des statuts
- ❒ c. immatriculation de la société au RCS
- ❒ d. immatriculation des associés au RCS
- ❒ e. insertion au BODACC effectuée à la diligence du greffier

13 – ***Le gérant d'une SNC peut être :***

*

- ❒ a. une personne morale
- ❒ b. un mineur émancipé
- ❒ c. un mineur non émancipé
- ❒ d. un majeur en tutelle
- ❒ e. un majeur sous curatelle
- ❒ f. un étranger hors Union européenne

14 – ***Didier est gérant associé non statutaire d'une SNC. Sauf clause contraire des statuts, sa révocation se fait à :***

**

- ❒ a. l'unanimité des autres associés et entraîne en principe la dissolution de la société
- ❒ b. l'unanimité des autres associés et est sans conséquence pour la vie de la société
- ❒ c. la majorité des autres associés et entraîne en principe la dissolution de la société
- ❒ d. la majorité des associés et est sans conséquence pour la vie de la société

15 – *Le gérant personne physique non associé de SNC peut prétendre pour sa rémunération :*

***

❒ a. au régime fiscal des traitements et salaires

❒ b. au bénéfice du privilège et superprivilège des salaires

❒ c. à l'insaisissabilité partielle des salaires

❒ d. au régime général de la sécurité sociale

16 – *Antoine est gérant-associé de la SNC Basile et Cie dont l'objet social est la vente de spiritueux. A ce titre, Antoine cotise au régime :*

***

❒ a. général de la sécurité sociale

❒ b. d'allocations familiales des employeurs et travailleurs indépendants

❒ c. d'assurance-vieillesse des industriels et commerçants

❒ d. d'assurance maladie et maternité des travailleurs non salariés des professions non agricoles

17 – *En cas d'ouverture d'un redressement judiciaire d'une SNC, une action en comblement du passif social peut être intentée contre le gérant associé si celui-ci a commis des fautes de gestion en rapport avec la cessation des paiements de la société :*

**

❒ a. oui

❒ b. non

❒ c. cela dépend

18 – *Un créancier n'ayant pas déclaré dans le délai légal* (2 mois, en principe) *sa créance dans la liquidation judiciaire de SNC Dupond & Dupond, peut-il en réclamer le paiement aux associés Dupond Pierre & Dupond Paul tenus indéfiniment et solidairement des dettes sociales ?*

*

❒ a. oui

❒ b. non

❒ c. oui, mais la dette se divise entre associés

19 – *La société en nom collectif Bernard et Cie ayant de graves difficultés financières adopte pour la circonstance et immédiatement après la cessation des paiements gardée secrète, le statut de SARL avant de déposer le bilan. Les créanciers de la SNC voient-ils leur situation affaiblie par cette transformation et les anciens associés en nom devenus membres de la SARL encourent-ils personnellement le redressement ou la liquidation judiciaire ?*

**

- ❒ a. les créanciers sont dans la même situation en dépit de la transformation
- ❒ b. les créanciers subissent les effets de la transformation opposable aux tiers
- ❒ c. les associés peuvent faire personnellement l'objet d'une procédure collective
- ❒ d. les associés échappent dorénavant à tout redressement ou liquidation judiciaire sur leur patrimoine personnel

20 – *La SARL Lepic – débitrice – se transforme en SNC. L'obligation* personnelle *des associés en nom (ex. associés de la SARL) s'applique :*

***

- ❒ a. aux seules dettes contractées après la transformation
- ❒ b. également au passif antérieur à la transformation

21 – *Depuis le 1er juin de cette année, Frédéric est un nouvel associé dans la SNC Hurton et Placide. Relativement à l'obligation aux dettes sociales, Frédéric est en principe légalement tenu :*

*

- ❒ a. des seules dettes nées après son arrivée
- ❒ b. des seules dettes nées avant son arrivée
- ❒ c. des dettes nées après et avant son arrivée

22 – *Juliette a cédé une partie de ses parts de SNC à Frédéric. L'opération a été régulièrement publiée le 1er juin de cette année. Relativement à l'obligation aux dettes sociales, Juliette est légalement tenue des dettes :*

*

- ❒ a. nées après le 1er juin
- ❒ b. nées avant le 1er juin

23 – *Les cessions de parts des SNC donnent lieu :*

***

❒ a. à aucun droit fiscal

❒ b. à l'exigibilité d'un droit d'enregistrement de 4,80 % liquidé sur le prix stipulé augmenté des charges

❒ c. à un droit fixe de 150 F

24 – *En dehors de toute option, le régime fiscal de la SNC est le régime :*

*

❒ a. des bénéfices non commerciaux

❒ b. des bénéfices industriels et commerciaux

❒ c. de l'impôt sur les sociétés

Grille de dépouillement

N° QUESTIONS	BONNES RÉPONSES	NOMBRE DE RÉPONSES CORRECTES	N° QUESTIONS	BONNES RÉPONSES	NOMBRE DE RÉPONSES CORRECTES
1	d		13	a – b – f	
2	a		14	b	
3	e		15	a – d	
4	a		16	b – c – d	
5	b		17	b	
6	a		18	b	
7	b		19	a – c	
8	a – c		20	b	
9	d		21	c	
10	d – e		22	a – b	
11	c		23	b	
12	d		24	a – b	
	TOTAL			TOTAL	

\+ \+

Score sur 20

$$\frac{\square \times 20}{34} = \quad /20$$

Réponses

1 – bonne réponse : ❒ d

La SNC est définie par la loi du 24 juillet 1966 au regard de ses associés. Selon l'article 10, c'est la société dans laquelle les associés ont « *tous la qualité de commerçant et répondent indéfiniment et solidairement des dettes sociales* ». Cette obligation indéfinie et solidaire des associés au passif social est sa caractéristique **fondamentale.**

2 – bonne réponse : ❒ a

La SNC a une nature éminemment **contractuelle** ; de là on en déduit logiquement que le nombre d'associés ne peut pas être inférieur à **deux.** Il n'y a pas de SNC unipersonnelle. L'*intuitu personae* qui anime cette société explique par ailleurs un petit nombre d'associés **en pratique.**

3 – bonne réponse : ❒ e

La capacité de devenir associé en nom est subordonnée à celle d'acquérir la qualité de commerçant (L. 24 juill. 1966, art. 10, al. 1er). Le majeur aliéné qui ne relève d'*aucune protection* et le majeur sous sauvegarde de justice peuvent être associés d'une SNC bien qu'ils puissent faire annuler leur engagement et partant le contrat de société. Une société civile ne peut pas être associée car elle prendrait la qualité de commerçant.

4 – bonne réponse : ❒ a

Lorsqu'une société commerciale est associée en nom, seuls ses biens – mais non ceux de ses propres associés à risque limité – répondent indéfiniment et solidairement du passif de la SNC.

5 – bonne réponse : ❒ b

Initialement, le projet devenu la loi du 24 juillet 1966 envisageait d'interdire la participation d'une même personne à plusieurs SNC afin d'éviter le concours d'un grand nombre de créanciers sur un même patrimoine. Votée par l'Assemblée nationale, l'idée a été rejetée par le Sénat.

6 – bonne réponse : ❒ a

Depuis la loi du 11 juillet 1985 (modifiant L. 24 juill. 1966, art. 11), les SNC ont une **dénomination sociale** qui peut être de **pure fantaisie** ; à laquelle peut être incorporé le nom d'un ou de plusieurs associés.

7 – bonne réponse : ❒ b

L'absence des mentions de dénomination et de *forme de la société* sur les documents d'affaires destinés aux tiers expose le gérant à une **amende de 10 000 F** au plus et, en cas de récidive, de 20 000 F au plus (contravention de 5e classe).

8 – bonnes réponses : ❒ a ❒ c

Code de la santé publique, art. L. 575.

9 – bonne réponse : ❒ d

Loi du 24 juillet 1966 : validité des sociétés entre époux, à moins que les conjoints n'y soient solidairement et indéfiniment tenus du passif. Loi du 4 janvier 1978 : reprise de cette solution dans l'article 1832-1, al. 1er C. civ. Loi du 10 juillet 1982 : les sociétés entre époux sont valables (ex., SARL) quand bien même les époux y seraient les deux seuls associés et n'auraient apporté à la personne morale que des biens communs. Enfin, la **loi** du **23 décembre 1985** a fait sauter la dernière interdiction : *deux époux peuvent être ensemble indéfiniment et solidairement responsables du passif d'une même société.*

10 – bonnes réponses : ❒ d ❒ e

Le simple prononcé d'un **jugement d'ouverture** de redressement judiciaire à l'égard d'un associé de SNC commerçant par ailleurs n'a aucune incidence sur la SNC. Il en va de même si la procédure ouverte à l'égard de l'associé s'achève par un **plan de continuation** avec ou sans **plan de cession partielle.** Au contraire, lorsqu'un jugement de **liquidation judiciaire** ou arrêtant un **plan de cession totale** est prononcé à l'égard de l'un des associés de la SNC, la société est en principe **dissoute,** *à moins* que sa continuation ne soit prévue par les *statuts* ou que les autres associés ne la décident à *l'unanimité*. Dans le cas de continuation, la valeur des droits sociaux (déterminée selon l'art. 1843-4 C. civ.) est remboursée à l'associé qui perd cette qualité.

11 – bonne réponse : ❒ c

Dans le silence des statuts, tous les associés sont gérants (L. 24 juill. 1966, art. 12).

12 – bonne réponse : ❒ d

Bien qu'ils prennent la **qualité de commerçant,** les associés d'une SNC n'ont pas à être immatriculés **individuellement** au RCS (D. 30 mai 1984, art. 7, al. 5 : « *Il n'y a pas lieu à immatriculation distincte de celle de la société en ce qui concerne les associés en nom* »). Mais, aux termes de l'article 15-A-9° du décret du 30 mai 1984, la demande d'immatriculation de la société doit préciser les nom, prénoms et domicile personnel de ces associés en nom, leurs date et lieu de naissance, les renseignements concernant leur nationalité et leur état matrimonial.

13 – bonnes réponses : ❒ a ❒ b ❒ f

a. La personne morale exerce la gestion par l'intermédiaire de ses propres dirigeants (représentants légaux) ; **b.** Le gérant **non-associé** n'est pas commerçant ; **f.** S'il est titulaire d'une carte de commerçant étranger, sauf les exceptions. Toutes les autres personnes sont dans une incapacité de droit d'exercer la gérance.

14 – bonne réponse : ❒ b

1/ Si **tous les associés sont gérants** ou si **un ou plusieurs** gérants **choisis parmi les associés** sont désignés **dans les statuts,** la révocation de l'un d'eux de ses fonctions ne peut être décidée qu'à l'**unanimité des autres associés.** Elle entraîne la dissolution de la société à moins que sa continuation ne soit prévue par les statuts ou que les autres associés ne la décident à l'unanimité. Le gérant révoqué peut alors décider de se retirer de la société en demandant le remboursement de ses droits sociaux, dont la valeur est déterminée conformément à l'article 1843-4 du code civil. Toute clause contraire à l'article 1843-4 est réputée non écrite. **2/** Si **un ou plusieurs associés** sont gérants et ne sont **pas désignés par les statuts** (cas de Didier), chacun d'eux peut être révoqué de ses fonctions dans les conditions prévues par les statuts ou, à défaut, par une décision des autres associés, gérants ou non, prise à **l'unanimité**. **3/** Si le gérant est **non associé,** il peut être révoqué dans les conditions prévues par les statuts ou, à défaut, par une décision des associés prise à **la majorité.** *Complément* : toute révocation décidée sans juste motif peut donner lieu à dommages-intérêts (article 18 de la loi 24 juillet 1966).

15 – bonnes réponses : ❒ a ❒ d

a. D'où abattements pour frais professionnels ; **b.** et **c.** : Les dirigeants sociaux – associés ou non – ne sont pas liés par un contrat de travail : leurs rémunérations constituent nullement un salaire ; **d.** Ce qui n'en fait pas juridiquement un salarié.

16 – bonnes réponses : ❒ b ❒ c ❒ d

Le gérant associé d'une SNC est **commerçant,** de là son régime social.

17 – bonne réponse : ❒ b

Le gérant-**associé** est comme les autres associés de SNC : le jugement qui constate la cessation des paiements de la société entraîne contre eux l'ouverture automatique de la procédure collective. Seul un gérant ***non-associé*** peut être condamné à combler le passif social (v. art. 180 L. 25 janv. 1985).

18 – bonne réponse : ❒ b

En vertu des dispositions de l'article 10 de la loi du 24 juillet 1966, les associés en nom collectif répondent *indéfiniment et solidairement des dettes sociales.* La procédure collective ouverte à l'encontre de la SNC a une influence sur l'action en paiement dirigée contre les associés, responsables des dettes de la personne morale à titre personnel. **L'extinction** de la créance **sur la société**, pour défaut de déclaration au passif, emporte la **disparition de l'obligation des associés** qui ne sont tenus *que* du passif social.

19 – bonnes réponses : ❐ a ❐ c

Sous réserve du respect des règles en la matière, les associés d'une société sont en principe libres de modifier la forme sociale qu'ils avaient initialement choisie s'ils remplissent les conditions de fond et de forme leur permettant d'adopter la nouvelle forme sociale. Toutefois, la transformation ne saurait permettre aux associés d'échapper ***unilatéralement*** à leurs engagements personnels, tels qu'ils ressortaient de la forme sociale ancienne. Ainsi, en vertu du **principe de la permanence de la personne morale** résultant de l'article 1844-3 du Code civil, le changement de forme sociale ne provoque **aucune novation dans le patrimoine** de la société qui reste tenue de ses engagements aux conditions dans lesquelles ceux-ci ont été pris. Les créanciers conservent donc les **garanties réelles et personnelles** dont ils bénéficiaient au moment où ils ont contracté. Dans le cas de la transformation d'une société en nom collectif en une forme sociale limitative de la responsabilité des associés, les créanciers dont le titre est antérieur à la transformation conservent donc les droits qu'ils avaient acquis **contre la société** sous sa forme ancienne et notamment **les associés demeurent personnellement tenus** des dettes nées avant la transformation de la société. Par ailleurs, si une telle transformation a été effectuée **avant un dépôt de bilan** et si la **cessation des paiements existait antérieurement à la transformation**, la jurisprudence admet qu'il n'y a **pas lieu de tenir compte de la nouvelle forme sociale** adoptée et les tribunaux peuvent alors prononcer l'ouverture d'une procédure de **redressement judiciaire à l'égard de chacun des associés en nom collectif** présents au moment de la création du passif. Ces règles permettent une bonne protection des intérêts des créanciers (cf. CA Paris, 10 mars 1975 et 17 janv. 1995).

20 – bonne réponse : ❐ b

Solution étonnante et juridiquement contestable tirée de Cass. 3e civ., 10 janv. 1973.

21 – bonne réponse : ❐ c

Le nouvel associé répond non seulement du passif social **né après** son entrée dans la société, mais encore de celui **existant au jour de son arrivée**. La règle favorable aux créanciers s'explique par le fait que Frédéric est **censé connaître le passif** et il en a tenu compte dans le prix d'achat des parts. Il pouvait demander à son cédant de le **garantir contre le passif** inconnu au jour de la cession. On estime en doctrine qu'une clause statutaire, régulièrement publiée, pourrait prévoir que le nouvel associé sera exonéré de ce passif ; mais une telle clause serait sans valeur relativement à une procédure collective.

22 – bonnes réponses : ❒ a ❒ b

L'associé qui quitte la société demeure tenu, à l'égard des tiers, de l'intégralité du passif ***antérieur*** à son départ, si celui-ci a été régulièrement publié. L'associé en nom n'est plus tenu du passif qui naît *après* la publication légale de son départ. Mais Juliette n'a cédé qu'**une partie** de ses parts (le piège est là).

23 – bonne réponse : ❒ b

Le droit doit être acquitté dans le délai d'un mois à compter de la date de l'acte de cession.

24 – bonnes réponses : ❒ a ❒ b

Le régime fiscal de la SNC est proche de celui des entreprises individuelles. Sauf option pour **l'impôt sur les sociétés**, les bénéfices réalisés par la société ne sont pas imposés à son nom, mais au nom personnel de chaque associé. La SNC est donc imposable au régime des **bénéfices industriels et commerciaux** si son activité est commerciale, industrielle, artisanale ou minière. Si la SNC a une activité libérale, ses bénéfices sont imposés au régime des **bénéfices non commerciaux**. Le bénéfice imposable de la SNC s'entend avant déduction des rémunérations des associés exerçant leur activité dans la société ; alors que le bénéfice imposable de la SARL se détermine après déduction des rémunérations versées aux associés exerçant un emploi dans la société. La transparence fiscale de la SNC permet par exemple, pour une société mère, d'obtenir une « consolidation fiscale » des résultats de ses filiales SNC en faisant remonter leurs déficits jusqu'à elle ; d'où l'intérêt de choisir la forme SNC.

CHAPITRE 4

Les sociétés en commandite : simple (SCS) et par actions (SCA)

Quand les bœufs vont à deux,

Le labourage en va mieux.

Sedaine. *Pièces fugitives,* 1752

1 – *Aujourd'hui, on évalue le nombre de sociétés en commandite simple à environ :*
**

❒ a. 1 500
❒ b. 15 000
❒ c. 150 000

2 – *Les commanditaires peuvent faire des apports en :*
*

❒ a. espèces
❒ b. nature
❒ c. industrie

3 – *Un commandité cède à un commanditaire une partie de ses parts sociales. Du seul fait de cette cession, le cessionnaire :*
***

❒ a. devient commandité
❒ b. demeure un commanditaire

4 – *Fernand, 17 ans et demi, mineur émancipé, peut être associé commandité avec l'accord de ses parents :*

*

- ❒ a. vrai
- ❒ b. faux

5 – *Alain, commanditaire, a fait à l'occasion de la constitution d'une SCS un apport en numéraire de 50 000 F. Cet apport est soumis au régime fiscal suivant :*

**

- ❒ a. droit fixe de 500 F
- ❒ b. droit fixe de 1 500 F
- ❒ c. droit proportionnel de 14,60 %
- ❒ d. droit proportionnel de 20,60 %

6 – *Les statuts d'une SCS doivent obligatoirement indiquer :*

***

- ❒ a. le montant ou la valeur des apports de tous les associés
- ❒ b. la part dans ce montant ou cette valeur de chaque associé commandité ou commanditaire
- ❒ c. la part globale des associés commandités et la part de chaque associé commanditaire dans la répartition des bénéfices et dans le boni de liquidation
- ❒ d. les conditions auxquelles sont prises les décisions des assemblées des associés

7 – *Si les formalités de publicité de constitution de la SCS n'ont pas été effectuées au journal d'annonces légales et au BODACC :*

**

- ❒ a. la société n'a pas la personnalité morale
- ❒ b. tout intéressé peut demander la nullité au juge qui devra annuler
- ❒ c. tout intéressé peut demander la nullité mais le juge peut ne pas la prononcer

8 – *Les sociétés en commandite simple se font connaître par une :*

*

- ❒ a. raison sociale
- ❒ b. dénomination sociale

9 – *Sauf clause contraire des statuts, la cession des parts sociales d'un commanditaire à un tiers étranger à la société exige :*

***

- ❐ a. le consentement unanime des commandités et commanditaires
- ❐ b. le consentement de tous les commandités et de la majorité en nombre des commanditaires
- ❐ c. le consentement de tous les commandités et de la majorité en capital des commanditaires
- ❐ d. le consentement de tous les commandités et de la majorité en nombre et en capital des commanditaires

10 – *Parmi les personnes ci-dessous, laquelle ne peut pas être gérant d'une SCS :*

**

- ❐ a. un commandité
- ❐ b. un commanditaire
- ❐ c. un tiers, non associé

11 – *La réunion d'une assemblée de tous les associés est de droit dans une SCS, si elle est demandée :*

**

- ❐ a. par un commandité
- ❐ b. par le quart des commanditaires
- ❐ c. par le quart en capital des commanditaires
- ❐ d. par le quart en nombre et en capital des commanditaires

12 – *La SCS Fildoux dont le siège est à Melun a la nationalité française. Le gérant souhaiterait pour des raisons d'opportunité changer la nationalité de la société. Ce changement, qui entraînera par voie de conséquence une modification des statuts, requiert un consentement de :*

***

- ❐ a. l'unanimité des commandités et le quart en nombre et en capital des commanditaires
- ❐ b. l'unanimité des commandités et la moitié en nombre et en capital des commanditaires
- ❐ c. l'unanimité des commandités mais aussi des commanditaires

13 – *Au plan fiscal (indiquez la ou les bonnes réponses) :*

***

❒ a. la SCS relève de plein droit du régime fiscal des sociétés de capitaux

❒ b. la part des bénéfices revenant aux commanditaires est passible de l'impôt sur les sociétés

❒ c. la part des bénéfices correspondant aux droits des commandités est imposable au titre des BIC

❒ d. la rémunération allouée au gérant commandité est déductible des résultats

14 – *La société en commandite simple Logatti fait l'objet d'une procédure de liquidation judiciaire. Il semble que son gérant non-associé ait commis des actes malhonnêtes permettant de prononcer à son encontre la* faillite personnelle. *Parmi les personnes ci-dessous, qui* n'a pas qualité *pour saisir directement le tribunal en vue d'une telle poursuite ?*

**

❒ a. le procureur de la République

❒ b. un créancier chirographaire de la « faillite »

❒ c. le représentant des créanciers – mandataire liquidateur

❒ d. le Trésor public, créancier privilégié dans la liquidation judiciaire

❒ e. un commandité

❒ f. un commanditaire

15 – *Parmi les dirigeants sociaux ci-dessous, quels sont ceux qui ne sont pas visés comme susceptibles d'être condamnés pour le délit d'abus de biens sociaux ?*

***

❒ a. gérant de SNC

❒ b. gérant de SCS

❒ c. gérant de SARL

❒ d. président du CA, administrateurs, membres du directoire ou directeurs généraux de SA

❒ e. gérant de SCA

16 – *Un associé commanditaire s'est porté caution solidaire des dettes que la SCS pourrait avoir à l'égard d'une banque. L'associé cède ses parts ; la SCS devient insolvable ; la banque demande le paiement à la caution. Pour ne pas honorer son engagement, celle-ci soutient que l'établissement de crédit a manqué à son obligation d'information en ne la tenant pas au courant de l'évolution de la dette garantie alors que, après la cession de ses participations, elle n'aurait plus été en mesure de s'informer elle-même. Quelle est la valeur de cet argument ?*

**

- ❒ a. la caution, ancien commanditaire, est déchargée
- ❒ b. la caution, ancien commanditaire, reste engagée

17 – *La forme de société en commandite par actions est exclue pour les entreprises :*

***

- ❒ a. de transport
- ❒ b. de banque
- ❒ c. d'assurances
- ❒ d. de spectacles publics

18 – *La commandite par actions est souvent présentée comme un moyen de défense contre les OPA du fait que :*

*

- ❒ a. les parts sociales des commandités ne sont pas librement cessibles et négociables
- ❒ b. le gérant ne peut être choisi parmi les actionnaires
- ❒ c. des clauses statutaires peuvent rendre difficile la révocation du gérant

19 – *La constitution d'une société en commandite par actions suppose la présence de commandités au nombre minimum de :*

*

- ❒ a. un
- ❒ b. deux
- ❒ c. trois
- ❒ d. sept

20 – *Le nombre minimum d'associés pour constituer une SCA est de :*

*

- ❒ a. deux
- ❒ b. trois
- ❒ c. quatre
- ❒ d. sept

21 – *Yves, 17 ans et demi, mineur émancipé, peut être actionnaire d'une SCA même sans l'accord de ses parents :*

*

❒ a. vrai

❒ b. faux

22 – *Comment le salarié d'une SCA* dépourvu de tout écrit *peut-il prouver la convention relative à sa rémunération ?*

**

❒ a. faute d'écrit, il sera débouté

❒ b. il peut faire cette preuve par tout moyen, mais seulement pour une créance inférieure à 5 000 F

❒ c. il peut faire cette preuve par tout moyen, même pour une créance supérieure à 5 000 F

23 – *Le capital social d'une SCA est de :*

*

❒ a. aucun minimum n'est exigé

❒ b. 50 000 F

❒ c. 250 000 F

❒ d. 1 500 000 F

24 – *Sauf si les statuts ont fixé un autre âge de départ à la retraite, le gérant de la SCA se retire à :*

*

❒ a. 65 ans

❒ b. 70 ans

❒ c. aucune condition d'âge n'intervient, il reste en fonction jusqu'à sa démission ou sa révocation

25 – *Le gérant de SCA, associé ou non, n'est révocable que dans les conditions prévues par les statuts :*

*

❒ a. vrai

❒ b. faux

26 – ***Dans la mesure où la SCA a deux catégories d'associés, toutes les décisions – sans exception – qui incombent aux associés nécessitent une double consultation :***

***

❒ a. vrai

❒ b. faux

27 – ***Le conseil de surveillance d'une SCA a pour fonction :***

**

❒ a. d'assumer le contrôle permanent de la gestion sociale

❒ b. de présenter à l'assemblée générale annuelle un rapport

❒ c. de convoquer les assemblées générales d'actionnaires

❒ d. d'autoriser les conventions dites réglementées entre la société et l'un des membres du conseil de surveillance ou le gérant

28 – ***La SCA Obac souhaite se transformer en SA. Pour ce faire, la décision doit émaner :***

***

❒ a. d'une AGO des commanditaires et de l'accord unanime des commandités

❒ b. d'une AGE des commanditaires et de l'accord unanime des commandités

❒ c. d'une AGE des commanditaires et de la majorité des commandités

Grille de dépouillement

N° QUESTIONS	BONNES RÉPONSES	NOMBRE DE RÉPONSES CORRECTES	N° QUESTIONS	BONNES RÉPONSES	NOMBRE DE RÉPONSES CORRECTES
1	a		15	a – b	
2	a – b		16	b	
3	b		17	c	
4	b		18	a – b – c	
5	b		19	a	
6	a/b/c/d		20	c	
7	c		21	a	
8	b		22	c	
9	a		23	c – d	
10	b		24	a	
11	a – d		25	b	
12	c		26	b	
13	b – c		27	a/b/c/d	
14	b/d/e/f		28	c	
	TOTAL			TOTAL	

\+ \+

Score sur 20

$$\frac{\boxed{} \times 20}{44} = \quad /20$$

Réponses

1 – bonne réponse : ❒ a

Pour un peu plus de 30 000 SNC et environ 432 000 SARL recensées. La SCS est une société de personnes, caractérisée par la présence de **deux catégories d'associés** : le ou les **commandités**, qui « ont le statut des associés en nom collectif » et le ou les **commanditaires** (sorte de bailleurs de fonds), qui « répondent des dettes sociales seulement à concurrence du montant de leur apport » (L. 24 juill. 1966, art. 23).

2 – bonnes réponses : ❒ a ❒ b

La loi ne fixe aucun capital minimum pour la SCS. Les commandités peuvent faire les trois types d'apport. En revanche, l'article 23, alinéa 2, de la loi du 24 juillet 1966 interdit aux commanditaires de faire des apports en industrie.

3 – bonne réponse : ❒ b

Les parts sociales reflètent la participation des associés dans le capital social. La qualité de commandité a une autre source : **un choix volontairement fait** par l'intéressé qui porte à conséquence quant à l'obligation à la dette sociale. D'où, lorsqu'un commandité cède une partie de ses parts à un commanditaire, ce dernier n'en devient pas pour autant un commandité.

4 – bonne réponse : ❒ b

Le mineur émancipé (16-18 ans) a sensiblement la même capacité civile qu'un majeur, mais il ne peut pas être commerçant (C. civ., art. 487 ; C. com., art. 2). Ainsi, il ne peut pas être associé d'une société en nom collectif ou commandité d'une SCS ou SCA, même avec l'autorisation parentale.

5 – bonne réponse : ❒ b

Alors que le régime fiscal des apports en **nature** vaut pour les constitutions et les augmentations de capital, le régime fiscal des apports en numéraire s'applique différemment aux apports réalisés à l'occasion de la **formation** des sociétés et à ceux concernant les **augmentations de capital** en numéraire ou par voie d'incorporation de réserves, bénéfices ou provisions. Le régime fiscal applicable aux apports **en espèces** faits à titre pur et simple à des **sociétés quelconques** (SNC, SARL, SA...) en cours de **constitution** est le droit fixe de **1 500 F** (L. 30 déc. 1997).

6 – bonnes réponses : ❒ a ❒ b ❒ c ❒ d

Ces **quatre** mentions impératives viennent s'ajouter aux **six** mentions statutaires obligatoires pour tous les types de sociétés commerciales par la forme (cf. chapitre 3 – la SNC).

7 – bonne réponse : ❒ c

Si les formalités de publicité ne sont pas effectuées, la nullité de la société peut être demandée par tout intéressé, mais une **régularisation** est toujours possible pour échapper à la nullité et le tribunal saisi de l'action en nullité peut ne pas prononcer cette nullité si **aucune fraude** n'est constatée (cf. L. 24 juill. 1966, art. 361 également applicable à la SNC).

8 – bonne réponse : ❒ b

Depuis les lois du 11 juillet 1985 et du 31 décembre 1989 qui ont supprimé la *raison sociale* dans le droit des sociétés commerciales, les SNC et SCS sont désignées, comme les SARL ou SA, par une *dénomination sociale*. La *raison sociale* qui est composée exclusivement du nom de tous les associés indéfiniment responsables des dettes sociales ou du nom de certains d'entre eux suivis des mots « et Cie » sert encore à désigner des sociétés civiles. La *dénomination sociale* doit être précédée ou suivie immédiatement des mots écrits en toute lettre « *société en commandite simple* » (L. 24 juill. 1966, art. 25). **Complément** : la loi du 31 décembre 1989 a supprimé la règle qui rendait le commanditaire indéfiniment et solidairement responsable des dettes sociales quand son nom était intégré à celui de la société.

9 – bonne réponse : ❒ a

Règle rigoureuse posée par l'article 30, alinéa 1er, de la loi du 24 juillet 1966, mais les statuts peuvent stipuler que : 1° – les parts des commanditaires sont librement cessibles **entre associés** ; 2° – les parts des commanditaires peuvent être cédées à des **tiers** avec le consentement de tous les commandités et de la majorité en nombre et en capital des commanditaires ; 3° – un commandité peut céder une partie de ses parts à un commanditaire ou à un tiers étranger dans les conditions prévues au 2° ci-dessus (al. 2).

10 – bonne réponse : ❒ b

L'associé commanditaire ne peut faire **aucun acte de gestion externe**, même en vertu d'une procuration (art. 28 de la loi du 24 juillet 1966). En cas de contravention à la prohibition, le commanditaire est tenu solidairement avec les associés commandités, des dettes et engagements de la société qui résultent des actes prohibés. Suivant le nombre ou l'importance de ceux-ci, il peut être déclaré solidairement obligé pour tous les engagements de la société ou pour quelques-uns seulement.

11 – bonnes réponses : ❒ a ❒ d

Art. 27 de la loi du 24 juillet 1966 qui précise encore que « les décisions sont prises dans les conditions fixées par les statuts ».

12 – bonne réponse : ❒ c

Si les délibérations modifiant les statuts sont ordinairement prises avec le consentement de tous les commandités et la majorité en nombre et en capital des commanditaires (art. 31, alinéa 2, de la loi du 24 juillet 1966), l'alinéa 1er pose une exception : l'unanimité des associés est requise pour un changement de nationalité.

13 – bonnes réponses : ❒ b ❒ c

a. Seulement sur option – le droit commun est le régime applicable aux sociétés de personnes – cf. SNC. **b.** Et non de l'impôt sur le revenu et ce, même à défaut d'option pour le régime fiscal des sociétés de capitaux (art. 206-4 du CGI). **c.** Que ces bénéfices soient distribués ou non (CGI, art. 8). **d.** C'est l'inverse : elle s'ajoute à la part de bénéfices de ce gérant, c'est une modalité de répartition des bénéfices sociaux.

14 – bonnes réponses : ❒ b ❒ d ❒ e ❒ f

La loi du 25/1/1985 dispose dans son art. 183, que le tribunal peut, en ce qui concerne l'ouverture d'une procédure de *redressement judiciaire à l'égard des dirigeants*, se saisir d'office ou être saisi par l'administrateur, le représentant des créanciers, le commissaire à l'exécution du plan, le liquidateur ou le procureur de la République. Ces mêmes personnes, à l'exception du commissaire à l'exécution du plan, peuvent demander au tribunal de prononcer, dans les conditions des art. 187 à 190 de la loi, la ***faillite personnelle*** de toute personne physique commerçante, de tout agriculteur, de tout artisan ou de **tout dirigeant de droit ou de fait d'une personne morale** ayant une activité *économique*. Ces actions dites ***attitrées*** sont ainsi **réservées aux organes concourant à la procédure de redressement ou liquidation judiciaire à l'*exclusion des créanciers individuellement ou des associés***. Ceux-ci peuvent cependant informer le représentant des créanciers – mandataires liquidateur, des irrégularités commises par les dirigeants et solliciter de ce représentant toute initiative tendant au prononcé d'une sanction ou à l'ouverture d'une procédure de redressement judiciaire à l'égard des dirigeants. En raison des interdictions et déchéances qu'elles peuvent entraîner, le législateur a souhaité que ces actions demeurent de la compétence des seuls organes de la procédure, seuls à même de juger, au vu de l'ensemble des données, de l'opportunité de saisir la justice.

15 – bonnes réponses : ❐ a ❐ b

Le délit d'abus de biens sociaux (articles 425 et 437 de la loi du 24 juillet 1966) est puni d'un emprisonnement de cinq ans au plus et d'une amende maximale de 2 500 000 F. Sont visés : les gérants (art. 425, 4°), le président, les administrateurs ou les directeurs généraux (art. 437, 3°) « *qui, de mauvaise foi, auront fait, des biens ou du crédit de la société, un usage qu'ils savaient contraire à l'intérêt de celle-ci, à des fins personnelles ou pour favoriser une autre société ou entreprise dans laquelle ils étaient intéressés directement ou indirectement* ». Ces dispositions d'**applications étroites** sont applicables dans les SA, les SCA, les SARL, les sociétés d'économie mixte constituées sous la forme de SA et les coopératives (L.10 sept. 1947, art. 26). Le délit n'est pas prévu dans les **sociétés de personnes** (SNC et SCS), sous réserve du cas de leur *liquidateur* (L.24 juill. 1966, art. 488). Dans les SNC et SCS, le droit commun (ex. l'abus de confiance) reste cependant applicable aux gérants.

16 – bonne réponse ❐ b

Un établissement de crédit se voit reprocher du **dol** par abstention si pour inciter une caution à garantir un débiteur, il ne lui révélait pas la situation irrémédiablement compromise de ce dernier. Mais le banquier n'engage pas sa responsabilité contractuelle, entraînant la nullité de l'engagement de la caution, s'il s'abstient seulement d'informer la caution de **l'évolution** de la dette de l'entreprise garantie. La règle (Cass. com. 16 février 1982, Bull. n° 61) est que **la caution doit se renseigner elle-même** sur la situation du débiteur cautionné. En l'espèce, la seule obligation du banquier, dont la violation est modestement sanctionnée, est celle prévue à l'art. 48 de la loi du 1er mars 1984 : l'établissement de crédit doit périodiquement informer la caution du montant de la dette garantie et du terme de son engagement ; si celui-ci est à durée indéterminée, il doit également rappeler la faculté de révocation à tout moment, ainsi que les modalités de cette révocation. La sanction, n'est pas le désengagement de la caution, ni la condamnation de la banque à des dommages-intérêts, mais seulement la perte, par celle-ci, du droit à réclamer à la caution les **intérêts échus** depuis la précédente information jusqu'à la date de communication de la nouvelle information.

17 – bonne réponse : ❐ c

Code des assurances, art. L. 310-2. Complément : notons parmi les grands fidèles à cette forme sociale : « Michelin » et « Casino ».

18 – bonnes réponses : ❐ a ❐ b ❐ c

D'où des SA ont récemment pris la forme de SCA : Yves Saint-Laurent, Hermès, groupe Worms, Eurodisneyland, holding du groupe Castorama, etc.

19 – bonne réponse : ❒ a

La société en commandite par actions est constituée entre **un** ou plusieurs **commandités**, qui ont la qualité de commerçant et répondent indéfiniment et solidairement des dettes sociales, et des commanditaires qui ont la qualité d'actionnaires et ne supportent les pertes qu'à concurrence de leurs apports.

20 – bonne réponse : ❒ c

Dans les SNC, SCS et les sociétés en participation, le nombre minimum d'associés requis lors de la constitution de la société est de **deux** (C. civ., art. 1832). Dans les SA, ce nombre est de **sept** (L. 24 juill. 1966, art. 73). En ce qui concerne les SARL, la société peut être instituée par **une** ou plusieurs personnes – **cinquante** au maximum (art. 34, réd. L. 11 juill. 1985). La SCA, dont le capital est divisé en actions, est constituée entre **un** ou plusieurs **commandités**, qui ont la qualité de commerçant et répondent indéfiniment et solidairement des dettes sociales, et des « commanditaires », qui ont la qualité d'actionnaires et ne supportent les pertes qu'à concurrence de leurs apports. Le nombre des **actionnaires** ne peut être inférieur à **trois** (art. 251, al. 1er).

21 – bonne réponse : ❒ a

Le mineur émancipé a quasiment la même capacité qu'un majeur pour les actes de la vie civile (C. civ., art. 481). Il peut donc librement être associé d'une SARL, actionnaire d'une SA, associé commanditaire d'une société en commandite simple ou par actions. Dans ces sociétés, les associés, les actionnaires et les commanditaires n'ont pas la qualité de commerçant.

22 – bonne réponse : ❒ c

L'employeur SCA est une **société commerciale par la forme** (quel que soit son objet). Or, aux termes de l'art. 1341 al. 2 C. civ. et 109 du C. com., la preuve peut être rapportée par **tout moyen** contre un **commerçant** (témoignages, indices, présomptions de fait, aveu extrajudiciaire...). En l'espèce, le salarié est donc autorisé à rapporter la preuve de la convention relative à sa rémunération autrement que par un écrit.

23 – bonnes réponses : ❒ c ❒ d

Selon que la SCA **fait ou ne fait pas publiquement appel à l'épargne** – comme une **SA**. Mais, alors que pour cette dernière la *variabilité* du capital est interdite (art. 48 de la loi du 24 juillet 1867, modifié par la loi du 30 décembre 1981), la SCA peut avoir un capital variable, sous réserve de l'indiquer aux tiers.

24 – bonne réponse : ❐ a

Quand le gérant atteint cette limite d'âge, il est réputé démissionnaire d'office et toute nomination intervenue en violation de cette limite d'âge est nulle (loi du 31 déc. 1970 modifiant la loi 24 juill. 1966, art. 252-1).

25 – bonne réponse : ❐ b

Il est également révocable par le tribunal de commerce, pour **cause légitime**, à la demande de tout associé ou de la société (cf. cogérant). Toute clause statutaire qui supprimerait cette faculté de révocation judiciaire est nulle (L. 24 juill. 1966, art. 252, al. 3 et 4).

26 – bonne réponse : ❐ b

Principe : sauf disposition contraire des statuts, les commandités se prononcent à l'unanimité (cf. article 15 de la loi de 1966 relatif aux SNC) **et** les commanditaires se réunissent en assemblées qui obéissent aux mêmes règles que celles applicables dans les sociétés anonymes (quorum et majorité). Mais – **exception** –, l'article 253 prévoit que seuls les **commanditaires** procèdent à la désignation des membres du *conseil de surveillance*.

27 – bonnes réponses : ❐ a ❐ b ❐ c ❐ d

Les membres du conseil de surveillance n'encourent aucune responsabilité en raison des actes de leur gestion et de leur résultat. Mais ils peuvent être déclarés civilement responsables des délits commis par les gérants, si, en ayant eu connaissance, ils ne les ont pas révélés à l'assemblée générale. Ils sont responsables des fautes personnelles commises dans l'exécution de leur mandat (art. 261 de la loi du 24 juillet 1966). Le conseil de surveillance n'a évidemment pas le droit de s'immiscer dans la gestion sociale.

28 – bonne réponse : ❐ c

En règle de principe, toute modification des statuts d'une SCA exige une approbation des **commanditaires** statuant dans les conditions de quorum et majorité prévues pour les AGE de SA, ainsi qu'un **accord unanime des commandités**, sauf disposition contraire des statuts (L. 24 juill. 1966, art. 259, al. 1er). L'unique **exception** à ce principe vise la transformation de la SCA en SA ou SARL. L'unanimité des **commanditaires** et des commandités est par contre nécessaire pour les transformations en d'autres formes sociales (L. 24 juill. 1966, art. 262).

CHAPITRE 5

La société à responsabilité limitée (SARL) – 1

Associé avec une femme.
Le démon lui-même perd la partie

Proverbe Polonais

1 – *La SARL a été introduite en France en :*

*

❒ a. 1808
❒ b. 1884
❒ c. 1901
❒ d. 1925
❒ e. 1945
❒ f. 1965

2 – *Une SARL ne peut pas avoir un nombre de salariés supérieur à :*

*

❒ a. 7
❒ b. 20
❒ c. 50
❒ d. 300
❒ e. aucun maximum n'est imposé

3 – *Le mineur peut être associé de SARL. Toutefois, le mineur n'agit pas personnellement :*

*

❒ a. les parts sociales sont souscrites au nom de son représentant légal

❒ b. les parts sociales sont souscrites au nom du mineur par son représentant légal

4 – *Les associés d'une SARL peuvent être :*

**

❒ a. tous des personnes physiques gérants-associés

❒ b. tous des personnes morales gérants-associés

❒ c. un mélange de personnes physiques gérants-associés et de personnes morales associées

❒ d. un mélange de personnes morales gérants-associés et de personnes physiques associées

5 – *Jean, Paul, Simon et Maurice, journalistes et écrivains, décident de constituer une SARL dont l'objet social serait l'exploitation d'une entreprise de presse. Pour ce faire, le montant minimum obligatoire du capital social de leur SARL est fixé à :*

***

❒ a. 2 000 F

❒ b. 25 000 F

❒ c. 50 000 F

❒ d. 250 000 F

6 – *Comparativement et relativement aux* apports en numéraire, *il faut un apport beaucoup plus important de la part de chacun des sept actionnaires pour constituer une SA (sans appel public à l'épargne) que pour deux associés constituant une SARL :*

*

❒ a. vrai

❒ b. faux

❒ c. cela dépend

7 – *Une augmentation du capital social d'une SARL ou d'une SA peut-elle se réaliser par* compensation *avec des créances liquides et exigibles* sur la société ?

*

❐ a. oui pour la SARL et pour la SA

❐ b. oui pour la SARL mais non pour la SA

❐ c. non pour la SARL et oui pour la SA

❐ d. non pour la SARL et pour la SA

8 – *Monique, Rose, Laurent et Richard constituent une SARL. Monique apporte un ordinateur (valeur 30 000 F), Rose un brevet d'invention (valeur 40 000 F) et Laurent et Richard font chacun un apport en espèces de 40 000 F. Si les quatre futurs associés en sont d'accord peuvent-ils éviter de recourir à un commissaire aux apports ?*

*

❐ a. oui

❐ b. non

❐ c. cela dépend

9 – *Monique, Rose, Laurent et Richard constituent une SARL. Monique apporte un ordinateur (valeur estimée par elle 50 000 F), Rose un brevet d'invention (valeur estimée par elle 90 000 F) et Laurent et Richard font chacun un apport en espèces de 40 000 F. Un commissaire aux apports a évalué l'ordinateur de Monique à 25 000 F. Relativement à ce matériel, les quatre futurs associés :*

**

❐ a. sont obligés de retenir le montant de 25 000 F

❐ b. peuvent retenir l'évaluation de 50 000 F

0 – *Eve et Adam sont boulangers, exploitants individuels. Ils décident de créer une SARL en lui apportant leur fonds de commerce – bien commun. Son frère Hubert et la femme de ce dernier, Laurence, apportent du numéraire. Eve et Adam continueront à travailler comme avant : l'un à fabriquer le pain, l'autre à le vendre. Qui peut faire des apports en industrie dans cette SARL ?*

**

❐ a. Eve

❐ b. Adam

❐ c. Hubert

❐ d. Laurence

❐ e. aucun des quatre

11 – *Ernest est associé de la SARL Gazou pour 60 % des parts sociales. Il est par ailleurs salarié dans cette société. La dernière assemblée générale vient de le nommer gérant. En conséquence Ernest :*

**

❒ a. cumule les fonctions de gérant et de salarié

❒ b. son contrat de travail prend fin et il est seulement gérant

❒ c. sa nomination de gérant est nulle et c'est son contrat de travail qui subsiste

12 – *En l'absence de dispositions statutaires, le gérant de SARL est nommé pour :*

*

❒ a. un an

❒ b. 4 ans

❒ c. 6 ans

❒ d. la durée de la société

13 – *Si les conditions d'un cumul licite sont remplies, le gérant de SARL a la double qualité de mandataire (révocable par les associés) et de salarié. Mais :*

**

❒ a. la cessation des fonctions de gérant, pour quelque cause que ce soit, provoque celle du contrat de travail

❒ b. la cessation des fonctions de gérant, pour quelque cause que ce soit, ne provoque pas celle du contrat de travail

❒ c. la rupture du contrat de travail, pour quelque cause que ce soit, ne provoque pas la cessation des fonctions de gérant

❒ d. la rupture du contrat de travail, pour quelque cause que ce soit provoque la cessation des fonctions de gérant

14 – *Léonard, gérant statutaire, associé à hauteur de 25 % des parts sociales de la SARL peut être révoqué :*

**

❒ a. à la majorité relative et il prend part au vote

❒ b. à la majorité relative mais il ne prend pas part au vote

❒ c. à la majorité absolue et il prend part au vote

❒ d. à la majorité absolue mais il ne prend pas part au vote

❒ e. à la majorité des 3/4 des parts et il prend part au vote

❒ f. à la majorité des 3/4 des parts mais il ne prend pas part au vote

15 – *Pour porter la SARL caution solidaire de la dette d'une autre entreprise, Monique, cogérante avec Raoul :*

**

❒ a. a besoin de l'accord de son cogérant

❒ b. doit obtenir une décision préalable des associés

❒ c. n'a besoin d'aucune autorisation

16– *Dans une SARL, à compter de la clôture de chaque exercice, les assemblées annuelles doivent être convoquées par le gérant dans les :*

*

❒ a. 3 mois

❒ b. 6 mois

❒ c. 9 mois

❒ d. 12 mois

17 – *Sébastien a la qualité de gérant unique, non associé, rémunéré, de la SARL Ravel. Les associés sont Justine, son épouse et Yves son fils, Philippe, Luc et Yvette, tous trois anciens camarades d'université. Au plan de la couverture sociale Sébastien relève du régime :*

***

❒ a. général obligatoire des salariés (assujetti comme un salarié à la SS)

❒ b. des gérants associés minoritaires

❒ c. des gérants associés majoritaires

18 – *Le gérant de SARL, non associé et rémunéré, bénéfice le cas échéant de l'assurance-chômage :*

*

❒ a. oui ❒ b. non

19 – *Relativement à* l'impôt sur le revenu, *l'abattement de 20 % et la déduction forfaitaire de 10 % pour frais professionnels bénéficient aux :*

***

❒ a. gérants minoritaires

❒ b. gérants majoritaires

❒ c. gérants non associés

20 – *Relativement à l'I.S., les rémunérations de toute nature versées aux gérants des SARL sont déductibles des bénéfices imposables pour l'assiette de l'impôt de la société. Cette règle avantageuse joue au profit des rémunérations des gérants :*

***

- ❒ a. minoritaires
- ❒ b. majoritaires
- ❒ c. non associés

21 – *Les assemblées des associés d'une SARL sont* directement *convoquées par :*

**

- ❒ a. le gérant
- ❒ b. le commissaire aux comptes
- ❒ c. des associés représentant au moins 1/4 des parts sociales
- ❒ d. tout associé

22 – *En vue de la prochaine assemblée, le gérant doit* obligatoirement *communiquer aux associés de la SARL les documents suivants concernant l'exercice écoulé :*

***

- ❒ a. l'inventaire
- ❒ b. les comptes annuels (bilan, compte de résultat, annexe)
- ❒ c. le rapport spécial sur les conventions entre la société et son gérant ou ses associés
- ❒ d. le rapport de gestion
- ❒ e. le texte des résolutions proposées
- ❒ f. le rapport général du commissaire aux comptes, s'il y en a un
- ❒ g. les comptes consolidés et le rapport sur la gestion du groupe lorsque la société est tenue d'établir des comptes consolidés

23 – *Sylvie, Suzette, Vincent et Yvon sont associé en SARL. Pour l'exercice de son droit de participer aux décisions des assemblées, Yvon peut, dans le silence des statuts, se faire représenter par :*

**

- ❒ a. un autre associé
- ❒ b. son conjoint
- ❒ c. toute autre personne

24 – *Des parts sociales de SARL sont grevées d'un usufruit. Le gérant convoque les associés : ordre du jour « nomination d'un commissaire aux comptes ». En l'absence de clause statutaire particulière, qui a qualité pour voter à cette assemblée ?*

*

❒ a. l'usufruitier

❒ b. le nu-propriétaire

❒ c. l'usufruitier et le nu-propriétaire ensemble

25 – *Le gérant associé Thomas envisage de consulter en cours d'année sociale ses coassociés sur un problème d'opportunité commerciale avec un pays étranger. Cette consultation peut se réaliser par :*

*

❒ a. assemblée

❒ b. consultation écrite (vote par correspondance)

❒ c. signature d'un écrit (déposé au siège social)

26 – *Dans une SARL, les décisions collectives* ordinaires *sont adoptées :*

**

❒ a. sur première convocation : par un total de voix égal à plus de la moitié des parts sociales détenues par un ou plusieurs associés

❒ b. sur première convocation : à la majorité absolue

❒ c. sur deuxième convocation : par la majorité des votes émis, quel que soit le nombre de votants

❒ d. sur deuxième convocation : à la majorité relative

27 – *Maxime, Gérant, propose à ses coassociés de transformer leur SARL en SCA. Pour se faire, l'assemblée doit se prononcer par un vote à :*

***

❒ a. la majorité simple

❒ b. la majorité absolue

❒ c. trois quarts des parts sociales

❒ d. l'unanimité

28 – *La SARL Eusèbe marche bien ; depuis déjà quatre années elle affiche de bons bénéfices et les capitaux propres figurant à son dernier bilan s'élèvent à 6 millions de francs. Aussi, le gérant propose sa transformation en SA. Cette décision doit être prise par les associés représentant :*

**

- ❒ a. les trois quarts des parts sociales
- ❒ b. plus de la moitié des parts sociales
- ❒ c. la moitié des parts sociales
- ❒ d. la majorité simple

29 – *Honoré, gérant de la SARL, propose à ses coassociés la décision d'augmenter le capital par incorporation de bénéfices ou de réserves. Cette décision doit être prise par les associés représentant :*

***

- ❒ a. les trois quarts des parts sociales
- ❒ b. plus de la moitié des parts sociales
- ❒ c. la moitié des parts sociales
- ❒ d. la majorité simple

30 – *La cession de parts sociales de SARL d'un associé à un tiers relève d'une décision qui doit être prise par les associés représentant :*

**

- ❒ a. la majorité en nombre des associés représentant au moins les trois quarts des parts sociales
- ❒ b. les trois quarts des parts sociales
- ❒ c. plus de la moitié des parts sociales
- ❒ d. la moitié des parts sociales
- ❒ e. la majorité simple des parts sociales

31 – *La cession des parts sociales de SARL est rendue opposable à la société par :*

*

- ❒ a. signification par huissier de justice à la société
- ❒ b. « acceptation » par la société dans un acte notarié
- ❒ c. envoi à la société d'une lettre recommandée avec avis de réception
- ❒ d. dépôt d'un original de l'acte de cession au siège social contre remise par le gérant d'une attestation de ce dépôt

32 – *Les cessions de parts dans les SARL sont passibles du droit d'enregistrement de :*

**

- ❐ a. 500 F (droit fixe)
- ❐ b. 4,80 %
- ❐ c. 5,5 %
- ❐ d. 20,6 %

33 – La clause de garantie *que peut consentir le cédant de droits sociaux en faveur du cessionnaire prend le nom de :*

*

- ❐ a. garantie de valeur
- ❐ b. garantie de passif
- ❐ c. clause de révision du prix

Grille de dépouillement

N° QUESTIONS	BONNES RÉPONSES	NOMBRE DE RÉPONSES CORRECTES	N° QUESTIONS	BONNES RÉPONSES	NOMBRE DE RÉPONSES CORRECTES
1	d		18	b	
2	e		19	a – b – c	
3	b		20	a – b – c	
4	a – c		21	a – b	
5	a		22	a/b/d/e/f/g	
6	c		23	a – b	
7	a		24	b	
8	a		25	a – b – c	
9	b		26	a – b – c – d	
10	a – b		27	d	
11	b		28	b	
12	d		29	c	
13	b – c		30	a	
14	c		31	a – b – d	
15	c		32	b	
16	b		33	a – c	
17	b – c				

TOTAL [ ] + [ ] + TOTAL [ ]

Score sur 20

$$\frac{\boxed{} \times 20}{56} = \quad /20$$

Réponses

1 – bonne réponse : ❒ d

Introduite en France par la **loi du 7 mars 1925**, la SARL est traditionnellement présentée comme un type de société **hybride**, s'apparentant à la fois aux sociétés de personnes (SNC, SCS) et aux sociétés de capitaux (SA). Le législateur s'est inspiré du droit allemand.

2 – bonne réponse : ❒ e

Attention à la **confusion** entre **salariés** et **associés.** Aux termes de l'article 36 de la loi du 24 juillet 1966 : le nombre d'**associés** d'une SARL ne peut être supérieur à 50. Si la société vient à comprendre plus de 50 associés, elle doit, dans le délai de deux ans, être transformée en société anonyme. A défaut, elle est dissoute, à moins que pendant ledit délai le nombre des associés ne soit devenu égal ou inférieur à cinquante. Cette disposition introduite en 1966 reflète la volonté du législateur de réserver la SARL aux seules petites et moyennes entreprises. Mais une SARL peut avoir autant de **salariés** qu'elle veut.

3 – bonne réponse : ❒ b

« Son représentant légal » = ses **parents** (mineur sous administration légale) ou son **tuteur** (mineur sous tutelle).

4 – bonnes réponses : ❒ a ❒ c

Les personnes morales peuvent être **associées** dans une SARL et rien ne s'oppose à ce que tous les associés soient des personnes morales. Mais ces dernières ne peuvent assumer la **gérance** : le gérant sera obligatoirement alors un non-associé. De plus, il convient de vérifier que les prises de participation ne tombent pas sous le coup de l'article 359 de la loi du 24 juillet 1966 relatif aux participations réciproques entre SARL et sociétés par actions.

5 – bonne réponse : ❒ a

Si le montant minimum obligatoire du capital social des SARL **de droit commun** est fixé à 50 000 F (L. 24 juill. 1966, art. 35, al. 1er, modifié par L. 1er mars 1984 – antérieurement : 20 000 F), il existe des **exceptions légales** : le capital minimal est de 2 000 F pour les SARL exploitant une entreprise de presse (L. 24 juill. 1966, art. 491, al. 2) ; 25 000 F : entreprises coopératives sous forme de SARL (L. 10 sept. 1947, modifiée par L. 13 juill. 1992) ; 2 500 000 F : maisons de titres (arr. 28 sept. 1984) ; 7 500 000 F : sociétés financières (arr. 28 sept. 1984) et 2 500 000 F : sociétés de caution dont le total des engagements n'est pas supérieur à 1,2 milliard de francs ; 15 000 000 de francs pour les banques ou 30 000 000 F lorsque le total du bilan est supérieur à 1,2 milliard de F au terme de deux exercices consécutifs (arr. 28 sept. 1984).

6 – bonne réponse : ❒ c

La SARL appelle un capital social dont le montant minimum légal est : **50 000 F** (comparé à 250 000 F pour la SA sans appel public à l'épargne). Toutefois, cet avantage est contrebalancé par le fait que dans la SARL les parts sociales doivent être **intégralement** ***libérées*** **au moment de la souscription**, alors que dans la SA, les actions de numéraire peuvent n'être libérées que de **la moitié** de leur montant au moment de la souscription (la loi du 10 juin 1994) ; la libération du surplus devant intervenir dans les cinq ans.

7 – bonne réponse : ❒ a

Il est aujourd'hui admis, en dépit du silence de la loi du 24 juillet 1966 sur ce point (cf. art. 61), que l'augmentation du capital d'une **SARL** puisse être **réalisée par compensation avec des créances liquides et exigibles sur la société**. Ce procédé est en effet approuvé par une jurisprudence constante. Dans les SA, les créances dont la compensation est envisagée font, en vertu des dispositions de l'article 166 du décret du 23 mars 1967, l'objet d'un arrêté de compte établi par le conseil d'administration ou le directoire et certifié exact par le commissaire aux comptes. Dans une **SARL**, rien n'interdit de faire procéder à un tel arrêté, certifié exact par le commissaire aux comptes ou, dans le cas où elle n'en serait pas dotée, par un expert comptable. Faute de dispositions expresses, une telle formalité ne saurait naturellement être considérée comme obligatoire. Toutefois, ce mode de libération des parts sociales doit être utilisé avec prudence. Des augmentations de capital irrégulières sont en effet susceptibles d'engager la responsabilité civile et pénale de leurs auteurs.

8 – bonne réponse : ❒ a

La décision de ne pas recourir à un commissaire aux apports doit être prise à **l'unanimité** des futurs associés et elle n'est possible que si aucun des apports en **nature** ne dépasse 50 000 F ; si un seul bien apporté excède ce montant, l'ensemble des apports, y compris ceux dont la valeur est inférieure à 50 000 F, doit être soumis à l'évaluation d'un commissaire ; **et** (cumulatif) si la **valeur totale de l'ensemble des apports en nature** n'excède pas la moitié du capital social, quel que soit son montant. La dispense de commissaire aux apports ne joue pas en cas d'*augmentation du capital* par apport en nature. Cette dispense d'évaluation vaut également pour les EURL.

9 – bonne réponse : ❒ b

Dans tous les cas d'intervention ou non d'un commissaire aux apports, l'**évaluation** est arrêtée **par les associés** et **sous leur responsabilité** ; ils sont donc libres de ne pas suivre les conclusions du commissaire. **Le risque** : l'article 40, dernier alinéa, de la loi de 1966, modifié par la loi du 5 janvier 1988, énonce que les associés sont **solidairement responsables pendant cinq ans**, à l'égard des tiers (créanciers de la SARL...), de la valeur attribuée aux apports en nature lors de la constitution de la société : **1/** lorsqu'il n'y a pas eu de commissaire aux apports ou **2/** lorsque la valeur retenue est différente de celle proposée par le commissaire aux apports. Par ailleurs, tous ceux qui ont frauduleusement fait attribuer à un apport en nature une évaluation *supérieure* à sa valeur réelle, sont passibles d'une peine de prison de cinq ans au plus et d'une amende maximale de 2 500 000 F (L. 24 juill. 1966, art. 425-1°).

10 – bonnes réponses : ❐ a ❐ b

L'article 38, alinéa 2, de la loi du 24 juillet 1966 pose la règle que les parts sociales ne peuvent pas représenter des apports en industrie, mais il y a une **exception** en faveur **des époux** (commerçants individuels optant pour la SARL). Conditions : l'objet de la société doit porter sur l'exploitation d'un fonds de commerce ou d'une entreprise artisanale ; le fonds de commerce ou l'entreprise artisanale doit avoir été apportée à la société ou créé par elle à partir d'éléments corporels ou incorporels apportés en nature ; l'apport en industrie est admis au bénéfice de l'apporteur en nature ou de son conjoint, à l'exclusion des apporteurs en numéraire et de leurs conjoints ; l'apport en industrie doit constituer l'activité principale de celui qui le fait et être en relation directe avec la réalisation de l'objet social. Enfin, les statuts de la SARL déterminent les modalités selon lesquelles sont souscrites les parts sociales qui en sont la contrepartie.

11 – bonne réponse : ❐ b

Le cumul implique le respect de quatre conditions : **1** – le contrat de travail doit correspondre à un emploi effectif ; **2** – les fonctions salariées doivent être nettement distinctes de la gérance et rémunérées séparément ; **3** – dans certains cas, le contrat de travail doit avoir été approuvé selon l'article 50 de la loi du 24 juillet 1966 ; **4** – enfin, l'intéressé doit être subordonné à la société dans l'exercice de ses fonctions de salarié : aussi, pour la jurisprudence constante, lorsqu'un associé majoritaire et salarié de la société devient gérant, son contrat de travail prend nécessairement fin à cet instant (ex., Cass. soc. 8 oct. 1980 ; 31 mars 1982).

12 – bonne réponse : ❐ d

L. 24 juill. 1966, art. 49, al. 3. Une durée fixe peut être envisagée par le pacte social ou un acte ultérieur et sauf disposition contraire des statuts, le gérant sera rééligible.

13 – bonnes réponses : ❐ b ❐ c

Les deux fonctions – mandataire social et subordonné à la SARL – sont **indépendantes** (ex., CA Paris 19 sept. 1990). *Complément* : au titre de son contrat de travail, le gérant est soumis au statut général des salariés : SMIC, congés payés, participation ou intéressement, préavis, indemnités de licenciement…

14 – bonne réponse : ❒ c

Que le gérant soit ou non statutaire, l'article 55 de la loi du 24 juillet 1966 dispose que le gérant est révocable par décision des associés représentant **plus de la moitié des parts sociales** (50 % + une). Toute clause contraire est réputée non écrite. Si la révocation est décidée sans juste motif, elle peut donner lieu à dommages-intérêts. En outre, le gérant est révocable par les tribunaux pour cause légitime, à la demande de tout associé. *Complément* : l'article 55 n'écarte pas le gérant intéressé du vote (*contra* : l'article 18 de la loi de 1966 pour la révocation du gérant associé d'une SNC où les autres associés décident seuls).

15 – bonne réponse : ❒ c

Les pouvoirs de gestion externe sont écrits aux alinéas 5 à 7 de l'article 49 de la loi du 24 juillet 1966. **Dans les rapports avec les tiers**, le gérant est investi des pouvoirs les plus étendus pour agir en toute circonstance au nom de la société, sous réserve des pouvoirs que la loi réserve aux associés. En cas de pluralité de gérants, ceux-ci détiennent **séparément** ses pouvoirs. D'où, chaque gérant peut accomplir « tous les actes de gestion dans l'intérêt de la société » – donc engager la SARL par un cautionnement (ex., CA Paris, 6 avr. 1992) – sans être tenu de requérir l'autorisation des associés. Par ailleurs, les clauses statutaires limitant les pouvoirs du gérant sont inopposables aux tiers, comme celles exigeant une double signature. *Complément* : en cas de cogérance, l'opposition formée par un gérant aux actes de l'autre gérant est sans effet à l'égard des tiers, sauf preuve qu'ils en ont eu connaissance.

16 – bonne réponse : ❒ b

La convocation est faite sous forme de lettre recommandée, 15 jours au moins avant la date prévue de l'assemblée (le jour de la convocation et celui de l'assemblée ne sont pas décomptés). Elle indique l'ordre du jour, sauf pour les questions diverses de minime importance.

17 – bonnes réponses : ❒ b ❒ c

Le gérant non-associé est, en principe, assujetti **comme un salarié à la sécurité sociale**. Cet assujettissement implique qu'il perçoive une rémunération au titre de son mandat social (sinon pas de régime de protection sociale : protection sociale par le recours à l'assurance personnelle). Toutefois, le régime des **gérants associés minoritaires** ou **majoritaires** peut lui être imposé au cas où **son conjoint** et ses **enfants mineurs non émancipés** posséderaient des parts, celles-ci devant être considérées comme possédées par lui en vertu de l'article 242-8° du Code de la sécurité sociale. *Idem*, s'il fait partie d'un collège de gérance majoritaire (Cass. 2e civ., 27 janv. 1966).

18 – bonne réponse : ❒ b

Qu'ils soient minoritaires ou non, associés ou non, les gérants de SARL sont des **mandataires** et **non des salariés** ; ils ne bénéficient donc pas du régime de l'assurance-chômage propre à ces derniers. Des régimes spéciaux peuvent assurer une garantie sociale aux dirigeants : ex., « GSC » (Garantie sociale des chefs et dirigeants d'entreprise : association de la loi de 1901).

19 – bonnes réponses : ❒ a ❒ b ❒ c

Les gérants minoritaires et les gérants non associés ne faisant pas partie d'un conseil de gérance majoritaire sont considérés comme de simples salariés pour l'assiette et la liquidation de l'impôt sur le revenu. Ils bénéficient de l'abattement de 20 % et de la déduction forfaitaire de 10 % pour frais professionnels. Le gérant égalitaire est traité comme un minoritaire. Les gérants majoritaires bénéficient aujourd'hui des mêmes déductions. Ce rapprochement des deux régimes a été parachevé par la loi de finances pour 1997 (L. 30 sept. 1996).

20 – bonnes réponses : ❒ a ❒ b ❒ c

Il n'en est ainsi, cependant, selon l'article 39-1-1° du CGI, que si les rémunérations correspondent à un **travail effectif** et ne sont **pas excessives** eu égard à l'importance du service rendu.

21 – bonnes réponses : ❒ a ❒ b

A titre subsidiaire, tout associé peut requérir en justice la désignation d'un mandataire chargé de convoquer l'assemblée et de fixer son ordre du jour. Ce mandataire est désigné par ordonnance du président du tribunal de commerce statuant en référé (L. 24 juill. 1966, art. 57, al. 2 et 4 et D. 23 mars 1967, art. 38, al. 3).

22 – bonnes réponses : ❒ a ❒b ❒ d ❒ e ❒ f ❒ g

Pour les SARL, ni la loi de 1966, ni le décret de 1967 n'imposent la communication aux associés du rapport spécial du gérant ou du commissaire aux comptes sur les conventions intervenues entre la société et l'un de ses gérants ou associés. La communication de ce rapport est cependant souhaitable.

23 – bonnes réponses : ❒ a ❒ b

c. « par une autre personne » : si les statuts le permettent. *Complément* : **1 –** Le mandat doit être global : un associé ne peut pas donner mandat pour une partie de ses parts et voter en personne du chef de l'autre partie (L. 24 juill. 1966, art. 58, al. 4 et 5) ; **2 –** Un associé peut se faire représenter par son conjoint à moins que la société ne comprenne que les deux époux ; **3 –** Sauf si les associés sont au nombre de deux, un associé peut se faire représenter par un autre associé (art. 58, la loi de 1966).

24 – bonne réponse : ❒ b

La loi du 4 janvier 1978 a posé, de façon générale, dans l'article 1844, alinéa 3, du Code civil la règle selon laquelle « si une part est grevée d'un usufruit, le droit de vote appartient au **nu-propriétaire**, sauf les décisions concernant ***l'affectation des bénéfices***, où il est réservé à **l'usufruitier** ». Mais le texte précise (al. 4) que les statuts peuvent déroger à cette règle.

25 – bonnes réponses : ❒ a ❒ b ❒ c

La loi du 11 février 1994 – « loi Madelin » – a permis un nouveau mode de prise des décisions qui résulte du consentement de tous les associés exprimé dans un acte (L. 24 juill. 1966, art. 57, al. 1er, modifié), ce qui permet à chacun de s'exprimer lors d'un passage au siège social.

26 – bonnes réponses : ❒ a ❒ b ❒ c ❒ d

a. et **b.** expressions synonymes : la **majorité absolue** se calcule donc en tenant compte de l'ensemble des parts sociales composant le capital social. Si cette majorité n'est pas atteinte, il y a lieu à seconde convocation. **c.** et **d.** expressions synonymes : la **majorité relative** se calcule donc en fonction des parts détenues par les associés présents ou représentés à l'assemblée (L. 24 juill. 1966, art. 59). *Complément* : 1 – la deuxième convocation n'a lieu que si les statuts n'en excluent pas expressément la possibilité ; 2 – dans certaines limites les statuts peuvent prévoir une majorité plus élevée.

27 – bonne réponse : ❒ d

Les modifications des statuts sont en principe décidées par les associés de SARL représentant au moins les **trois quarts des parts sociales** (L. 24 juill. 1966, art. 60, al. 2). **L'unanimité** des associés est cependant exigée pour la transformation de la SARL en SCA, SCS et SNC (art. 69, al. 1er) ; de même pour le changement de nationalité de la SARL (art. 60, al. 1er), la réduction du capital social en cas d'atteinte à l'égalité des associés (art. 63, al. 1er), l'augmentation des engagements sociaux (art. 60, al. 2).

28 – bonne réponse : ❒ b

La transformation de la SARL en SA après approbation du bilan des **deux premiers exercices** et à condition que les capitaux propres figurant à son dernier bilan **excèdent 5 millions** de francs est prise par les associés représentant **plus de la moitié des parts sociales** : 50 % + 1 voix (L. 24 juill. 1966, art. 69, al. 2). But : faciliter la transformation vers la SA.

29 – bonne réponse : ❒ c

But : éviter l'opposition d'une minorité de blocage. **Curiosité** qui fait la difficulté de la question posée : en principe une majorité renvoie à la moitié des parts plus une ; ici la moitié des parts suffit

(L. 24 juill. 1966, art. 60, al. 3, mouture L. 5 janv. 1988 – dérogeant à l'alinéa 2 de l'article 60 de la loi de 1966 relatif aux décisions modificatives des statuts adoptées par les associés représentant au moins les trois quarts des parts sociales).

30 – bonne réponse : ❐ a

L'autorisation doit être donnée à la majorité en nombre des associés représentant au moins les trois quarts des parts sociales (L. 24 juill. 1966, art. 45, al. 1er). Cette condition de **double majorité**, plus rigoureuse que celle posée pour les modifications statutaires est prévue par la L. du 24 juill. 1966 à l'art. 45, al. 1er. Elle ne peut être ni aggravée, ni assouplie, toute clause contraire est réputée non écrite (al. 7).

31 – bonnes réponses : ❐ a ❐ b ❐ d

d. simplicité, rapidité et gratuité offerte depuis la loi du 5 janv. 1988 (modifiant L. 24 juill. 1966, art. 20, al. 1er) ; inconvénient : pas de « date certaine ». *Complément* : la cession n'est opposable **aux tiers** qu'après la publicité au RCS (L. 24 juill. 1966, art. 20, al. 3).

32 – bonne réponse : ❐ b

Tandis que l'article 12 de la loi de finances pour 1991 a réduit de 4,80 % à **1 %**, en le plafonnant à 20 000 francs par mutation, le taux du droit d'enregistrement applicable aux actes portant cession d'**actions**.

33 – bonnes réponses : ❐ a ❐ c

En pratique et en jurisprudence on rencontre essentiellement : – **La garantie de valeur** dite encore **clause de révision du prix**, stipulée en faveur du cessionnaire, qui seul peut s'en prévaloir. Le cédant limite sa garantie à hauteur du prix de cession ; il n'est pas tenu au-delà de ce qu'il a reçu. – **La garantie de passif**, engage – sauf clause plus restrictive – le cédant de manière ***illimitée*** (le passif pouvant dépasser le prix de cession), envers, non pas le cessionnaire, mais la société et les créanciers sociaux.

CHAPITRE 6

La SARL (2) et l'entreprise unipersonnelle à responsabilité limitée – EURL

Toute société est une sorte de rêve collectif.

Paul Valery, *Mauvaises pensées et Autres,*

Gallimard

1 – *Jean est associé en SARL avec sa mère, son frère, sa belle-sœur et sa petite amie Nicole. A quel* régime d'imposition *peut être soumise cette SARL :*

**

❒ a. l'impôt sur les sociétés, *sans* option possible pour le régime des sociétés de personnes

❒ b. l'impôt sur les sociétés, *avec* option possible pour le régime des sociétés de personnes

❒ c. le régime des sociétés de personnes *sans* option possible pour l'impôt sur les sociétés

❒ d. le régime des sociétés de personnes *avec* option possible pour l'impôt sur les sociétés

2 – *Basile est gérant unique de la SARL Gouffi. Il détient 30 % des parts sociales, sa concubine Lisette 10 %, sa fille Sophie, lycéenne 14 ans, 15 %, son fils Jacques 10 % et son oncle Albert 35 %. Basile a en conséquence la qualité de gérant :*

*

❐ a. minoritaire

❐ b. majoritaire

❐ c. minoritaire ou majoritaire, cela dépend

3 – *Michel est associé dans la SARL Rosni à hauteur de 10 % des parts. Il occupe dans la société un emploi salarié : chef des approvisionnements et ventes. Son contrat de travail à durée indéterminé indique un bon salaire : il perçoit près du double de son oncle, François, gérant unique majoritaire. Michel a reçu procuration bancaire et diverses délégations de pouvoirs. Le Trésor public prétend que Michel doit se voir reconnaître la qualité de gérant majoritaire. Cette prétention est :*

**

❐ a. juste

❐ b. fausse

❐ c. cela dépend

4 – *Martine et Jean vivent en concubinage. Ils sont associés égalitaires (50/50) dans la SARL Grégoire. A la suite de nombreuses et graves scènes de ménage, Martine demande la dissolution judiciaire pour mésentente entre associés. Le tribunal peut-il faire droit à sa demande ?*

*

❐ a. oui

❐ b. non

5 – *Sont des causes de dissolution légale des SARL, les événements suivants :*

**

❐ a. le nombre d'associés supérieur à 50

❐ b. le décès, la faillite personnelle ou la liquidation judiciaire d'un associé

❐ c. l'incapacité juridique frappant l'un des associés

❐ d. le capital social devenu inférieur à 50 000 F

❐ e. la liquidation judiciaire de la SARL

6 – *Jean possède 25 % des parts de la SARL Logis-Vieux. Il cède sa participation à l'un de ses coassociés. Aucune clause de non-concurrence ou de non-rétablissement n'a été stipulée lors de la cession des parts. Dès lors, il ne saurait être reproché à une société concurrente l'embauche du cédant :*

*

❐ a. vrai

❐ b. faux

7 – *Jérôme, associé de la SARL Hutot, détient au sein de cette société un compte courant d'associé dont le solde est positif. Jérôme cède toutes ses parts sociales à Simone. La cession de parts sociales entraîne-t-elle, au profit du cessionnaire, transmission du compte courant d'associé du cédant ?*

***

- ❒ a. oui, dans tous les cas
- ❒ b. oui, mais seulement si le compte courant présente un solde positif
- ❒ c. non, sauf convention contraire
- ❒ d. non, même en cas de convention contraire – celle-ci étant déclarée nulle par la loi

8 – *Un prêt pour financer du matériel commercialisé par une SARL, signé par le gérant, sans autorisation des associés, contrairement aux stipulations des statuts, engage-t-il la société ?*

**

- ❒ a. non
- ❒ b. oui

9 – *Le gérant de la SARL Pluyette a signé avec une banque un acte de prêt en* violation d'une clause statutaire *imposant l'autorisation préalable des associés. La caution peut-elle invoquer* l'absence de pouvoirs du dirigeant *pour échapper à son engagement ?*

**

- ❒ a. non *a priori*
- ❒ b. oui *a priori*

10 – *Simon, Gérant de la SARL Godard, s'est porté caution solidaire en faveur d'une banque des dettes de la société pour une durée indéterminée et sans autre précision. L'année suivante, le Tribunal révoque Simon pour « juste motif » et la dette garantie s'élève alors à 100 000 €. Neuf mois après, la dette passe à 300 000 €. La banque peut réclamer à Simon :*

***

- ❒ a. 100 000 €
- ❒ b. 300 000 €
- ❒ c. rien du tout, son engagement ayant pris fin avec sa révocation judiciaire

11 – *Pierre, gérant de la SARL Michaud, s'est porté caution solidaire des dettes de « sa » SARL et a accepté une* clause attributive de compétence territoriale. *En cas de litige, peut-il décliner la compétence du tribunal désigné dans la clause ?*

***

❒ a. non

❒ b. oui

12 – *Georges est le gérant de la SARL Gastout. En se constituant personnellement* garant à première demande *d'une dette commerciale de « sa » SARL, Georges fait un acte de nature :*

***

❒ a. commerciale

❒ b. civile

13 – *Les époux Gérard se sont mariés en 1990 sous le* régime légal *de la communauté réduite aux acquêts. Sans rien dire à sa femme, M. Gérard s'est porté caution solidaire de la SARL dont il est le gérant. La Banque garantie, qui n'est pas payée d'une dette sociale, peut saisir :*

*

❒ a. les biens propres du mari

❒ b. les revenus des biens propres du mari

❒ c. les biens propres du mari et les biens communs

❒ d. les biens propres du mari, les biens communs et les propres de l'épouse

14 – *La SARL Servan a fait l'objet d'une liquidation judiciaire. L'AGS (Assurance garantie des salaires) qui a fait l'avance des superprivilèges des salaires (créances salariales du passé) peut-elle se rembourser par* priorité *sur les sommes issues de* l'action en comblement du passif *social qui a été exercée contre le gérant M. Marcos ?*

**

❒ a. oui, et l'AGS passe avant tout autre créancier

❒ b. oui, mais l'AGS passe après le Trésor public créancier du passé

❒ c. non, elle vient au « marc le franc » avec tous les autres créanciers du passé

15 – *Bernadette désignée dans les statuts de la SARL Forum comme* gérant de droit *occupait en fait un petit emploi salarié dans la société mise en liquidation judiciaire ; elle n'a jamais eu le moindre pouvoir de direction, recevant des ordres et instructions du* gérant de fait, *M. Gaspard (son amant), véritable animateur de la société. En droit, le tribunal peut prononcer la* faillite personnelle *à l'encontre de :*

**

❐ a. Bernadette, seulement

❐ b. Gaspard, uniquement

❐ c. Bernadette et Gaspard

16 – *Denis, demandeur d'emploi, prend la qualité de gérant associé minoritaire* non rémunéré *dans la SARL Mottin. Peut-il continuer à percevoir les allocations de chômage ?*

**

❐ a. non ❐ b. oui

17 – *La loi fait obligation aux SARL (et SA) de déposer annuellement leurs comptes annuels au greffe du tribunal de commerce. Parmi les documents ci-dessous lesquels font l'objet d'un dépôt ?*

*

❐ a. le bilan

❐ b. les comptes de résultats annexes

❐ c. le compte rendu du commissaire aux comptes

18 – *A quelle amende s'exposent les SARL (ou les SA) qui* ne déposent pas leurs comptes *au greffe du tribunal de commerce, alors qu'elles en ont l'obligation ?*

*

❐ a. 1 000 F

❐ b. 10 000 F

❐ c. 100 000 F

❐ d. 1 MF

19 – *Les associés d'une SARL décident de transformer leur société en société anonyme.* Le commissaire aux comptes *de la SARL peut-il sur décision unanime des associés assurer les fonctions* de commissaire à la transformation ?

***

❐ a. oui

❐ b. non

20 – *Parmi les sociétés ci-dessous, lesquelles ne peuvent pas être « à main unique » :*

*

❒ a. SNC

❒ b. SCS

❒ c. SARL

❒ d. SCA

21 – *L'entreprise unipersonnelle à responsabilité limitée (EURL) est légalement possible en France depuis :*

*

❒ a. 1808

❒ b. 1925

❒ c. 1966

❒ d. 1985

22 – *Dans l'espace de l'Union Européenne, la France est le seul pays a avoir institué dans la législation la formule de société unipersonnelle :*

*

❒ a. vrai

❒ b. faux

23 – *Une personne physique (exploitant individuel) est propriétaire de deux entreprises : l'une est commerciale, l'autre est civile. Au titre de la première, l'exploitant est mis en redressement judiciaire. Un créancier de l'activité civile peut-il maintenant saisir les biens de l'exploitation civile ?*

*

❒ a. oui, de plein droit

❒ b. oui, mais seulement avec l'autorisation du juge commissaire de la « faillite »

❒ c. non

24 – *Parmi les éléments constitutifs, quel est celui qui fait défaut pour constituer une EURL ?*

*

❒ a. l'absence d'apports

❒ b. l'absence de vocation aux bénéfices

❒ c. l'absence de vocation aux pertes

❒ d. l'absence d'*affectio societatis*

25 – *Quelle (s) est (sont) la (les) combinaison (s) légalement impossible (s) :*
**
- ❒ a. une société anonyme peut créer plusieurs filiales sous la forme de SARL unipersonnelles
- ❒ b. une SARL pluripersonnelle peut créer plusieurs filiales sous la forme de SARL unipersonnelles
- ❒ c. une SARL unipersonnelle peut avoir pour associé unique une autre SARL unipersonnelle
- ❒ d. une personne physique peut être associée unique de plusieurs EURL

26 – *L'EURL doit avoir un capital au moins égal à :*
*
- ❒ a. 25 000 F
- ❒ b. 50 000 F
- ❒ c. 250 000 F
- ❒ d. aucun minimum n'est exigé, point commun avec la SNC

27 – *Gratien, commerçant individuel, décide de se mettre en EURL à qui il apporte son fonds de commerce. A l'occasion de la constitution de cette société à risque limité, Gratien peut faire des apports en :*
**
- ❒ a. espèce
- ❒ b. nature
- ❒ c. industrie

28 – *La dénomination sociale de l'EURL doit* obligatoirement *s'accompagner des mots :*
***
- ❒ a. « entreprise unipersonnelle à responsabilité limitée »
- ❒ b. « EURL »
- ❒ c. « société à responsabilité limitée »
- ❒ d. « SARL »

29 – *La SA « Bancord » a une EURL. La gérance de cette dernière peut être confiée à une personne :*
**
- ❒ a. physique
- ❒ b. morale
- ❒ c. morale, à condition que cette dernière désigne une personne physique représentant permanent pour la représenter

30 – *La SA Find'Or est associé unique de l'EURL Fidoux. Find'Or est en droit de contracter auprès de Fidoux :*

***

- ❐ a. des emprunts
- ❐ b. de se faire consentir un découvert en compte courant
- ❐ c. de se faire cautionner ou avaliser pour des engagements envers des tiers

31 – *M. Aubin, créancier personnel de M. Auguste, associé unique et gérant de l'EURL Augusto, n'étant pas payé d'une importante créance peut requérir l'inscription d'un nantissement judiciaire sur le fonds de l'EURL :*

**

- ❐ a. vrai
- ❐ b. faux

32 – *En dehors de la dissolution volontaire décidée par l'associé unique, les causes de dissolution de l'EURL sont :*

***

- ❐ a. le jugement de liquidation judiciaire prononcé à l'égard de l'associé unique
- ❐ b. la faillite personnelle prononcée à l'égard du gérant non associé
- ❐ c. la faillite personnelle prononcée à l'égard de l'associé unique
- ❐ d. le jugement de liquidation judiciaire prononcé à l'égard de la société
- ❐ e. le décès de l'associé unique

33 – *L'imposition des bénéfices des EURL relève :*

***

- ❐ a. du régime fiscal des sociétés de personnes
- ❐ b. de l'impôt sur les sociétés

34 – *Lorsque le conjoint de l'associé unique est salarié de l'EURL, les salaires qui lui sont versés :*

***

- ❐ a. ne sont pas déductibles du bénéfice
- ❐ b. ne sont déductibles du bénéfice que dans une certaine limite
- ❐ c. sont déductibles du bénéfice dans leur totalité

Grille de dépouillement

N° QUESTIONS	BONNES RÉPONSES	NOMBRE DE RÉPONSES CORRECTES	N° QUESTIONS	BONNES RÉPONSES	NOMBRE DE RÉPONSES CORRECTES
1	a		18	b	
2	c		19	a	
3	c		20	a – b – d	
4	b		21	d	
5	a – d – e		22	b	
6	a		23	c	
7	c		24	d	
8	b		25	c	
9	a		26	b	
10	b		27	a – b – c	
11	b		28	c – d	
12	b		29	a	
13	a – b		30	a – b – c	
14	c		31	b	
15	c		32	d	
16	a		33	a – b	
17	a – b – c		34	b – c	

TOTAL ☐ + ☐ + TOTAL ☐

Score sur 20

$$\frac{\square \times 20}{48} = \quad /20$$

Réponses

1 – bonne réponse : ❒ a

La SARL, en raison de son appartenance aux sociétés de capitaux, relève, en règle de principe, de **l'impôt sur les sociétés**. Toutefois, aux termes de l'art. 239 bis AA du Code général des impôts, la **SARL dite de «famille»** peut opter, avec l'accord unanime des associés, pour le **régime des sociétés de personnes**. Pour ce faire, la SARL doit se composer **exclusivement** de membres d'une même famille, ce qui s'entend des descendants et ascendants en ligne directe, des frères et sœurs, ainsi que le cas échéant les conjoints (et **non les concubins**) de ces personnes. L'option conduit à rendre les bénéfices sociaux directement imposables dans les patrimoines personnels des associés ce qui permet de faire remonter jusqu'à eux les déficits.

2 – bonne réponse : ❒ c

Les gérants minoritaires de SARL. sont, fiscalement et socialement, assimilés aux salariés bien qu'ils ne soient pas *stricto sensu* des salariés. Ce statut avantageux se refuse aux majoritaires, bien que l'écart se soit réduit avec la loi « Madelin ». En fait, des « combines » visent parfois à écarter la qualification majoritaire. C'est pourquoi, en droit, le décompte du nombre de **parts sociales détenues par le gérant** s'apprécie au **sens large**. Il est **global** et **non** *personam*. On prend en compte les parts détenues par **tous les cogérants**, plus les parts détenues, en toute propriété ou en usufruit, par le **conjoint** (mais *non* la *concubine*) et les **enfants du gérant, mineurs non émancipés** (cas de Sophie ; mais doute pour Jacques) ; s'ajoutent les parts indirectement détenues par le gérant, par l'intermédiaire d'autres sociétés qu'il contrôle.

3 – bonne réponse : ❒ c

Quels éléments déterminent la qualité de gérant (**de fait**) *associé majoritaire* de SARL ? On retient une analyse de la **situation** *réelle* de chaque associé, par delà sa situation juridique. Le Trésor public examine par exemple si un associé minoritaire, également simple salarié de la SARL, n'**agit** pas **en fait comme un véritable gérant**, en exerçant un contrôle constant et effectif sur l'ensemble des activités de la société. Les juges recherchent, au **cas par cas**, l'existence de critères concordants tels que : – Les **liens de parenté** unissant le gérant statutaire et l'associé salarié ; – L'importance de **la rémunération** de l'associé salarié par rapport à celle du gérant statutaire ; – L'octroi à l'associé salarié de **pouvoirs spéciaux** (signature des déclarations fiscales, procuration bancaire, caution des engagements financiers de la SARL, pouvoir d'engager la société et de la représenter vis-à-vis des tiers). Les critères, nombreux et variés, doivent inciter les associés de la SARL à la plus grande prudence pour éviter de se voir déclarer fraudeurs et requalifiés gérants majoritaires.

4 – bonne réponse : ❒ b

La mésentente n'est une cause de dissolution anticipée que dans la mesure où elle a pour effet de paralyser le fonctionnement de la société (cf. article 1844-7, § 5, du Code civil). Une telle paralysie n'est pas en cause par les faits de l'espèce ; le tribunal ne peut retenir la mésentente personnelle, intime, entre associés, même égalitaires, comme seul motif de la dissolution.

5 – bonnes réponses : ❒ a ❒ d ❒ e

a. Si la SARL ne se transforme pas en SA ou si le total de ses associés n'est pas ramené à 50, dans le délai de deux ans (L. 24 juill. 1966, art. 36). **d.** En l'absence de régularisation. **e.** Un jugement ordonnant la cession *totale* des actifs provoque également la dissolution de la société (cf. C. civ., art. 1844-7, réd. L. 5 janv. 1988).

6 – bonne réponse : ❒ a

Dès lors qu'aucune clause de non-concurrence ou de non-rétablissement n'a été stipulée lors de la cession des parts, l'ancien associé, n'est pas tenu par une obligation de **non-concurrence** à l'égard de la société. Par ailleurs, l'ancien associé, en rejoignant une société concurrente ne commet pas davantage un acte de **concurrence déloyale**, dans la mesure où le principe de la liberté du commerce et de l'industrie autorise le cédant d'un fonds de commerce à se rétablir en situation de concurrence avec le fonds cédé. Le principe autorise *a fortiori* le cédant d'un quart des parts d'une SARL à se rétablir en situation de concurrence avec l'activité exploitée par la SARL.

7 – bonne réponse : ❒ c

Le compte courant d'associé – qui ne doit jamais être débiteur – s'analyse au plan juridique, non pas comme celui établi avec un banquier, mais comme une simple ***avance*** consentie par l'associé à la société, en sus de son apport. En échange de cet apport, l'associé a reçu des parts sociales ; le compte courant ne résulte pas, lui, de la possession des parts ; la qualité d'associé n'implique nullement l'octroi d'une avance à la société. Le compte courant trouve sa source dans le **prêt consenti à la société**. C'est ce prêt à la *consommation* qui confère à l'associé la qualité de créancier social, indépendamment de celle d'associé. Conclusion : en cédant ses parts sociales, l'associé, *en l'absence de toute clause contraire*, **ne transfère pas de plein droit au cessionnaire son compte courant** et partant le solde positif de celui-ci.

8 – bonne réponse : ❒ b

Dans le but d'harmoniser les législations communautaires dans le sens d'un **renforcement de la sécurité juridique des tiers** traitant avec des gérants de SARL, l'ordonnance du 20 décembre **1969**, prise en application de la directive 68/15 de la CEE du 9 mars 1968, énonce à l'**article 49** de la **loi du 24 juillet 1966** que *dans les rapports avec les tiers, le gérant est investi des pouvoirs les plus étendus pour agir en toutes circonstances au nom de la société, sous réserve des pouvoirs que la loi attribue expressément aux associés* et que *les clauses statutaires limitant les pouvoirs des gérants qui résultent du présent article sont **inopposables aux tiers***, peu importe qu'ils en aient ou non-connaissance. En l'espèce, le gérant n'a pas dépassé ses pouvoirs légaux, ni conclu une opération incompatible avec l'objet social (l'emprunt a bien été conçu dans le cadre de l'objet social) qui aurait été connue du prêteur. La société est donc tenue au remboursement.

9 – bonne réponse : ❒ a

L'art. 49 de la loi du 24 juillet 1966 pour la **SARL** et les art. 98, 113 et 124 pour les **SA**, procèdent à une distinction : – si les dirigeants ont agi ***en dehors* de l'objet social**, la société est engagée, excepté si le tiers connaissait ou ne pouvait ignorer cette violation ; – si les dirigeants ont ***dépassé* leurs pouvoirs statutaires**, la société, et partant, en l'espèce, les cautions, sont engagées (excepté peut-être en cas de complicité active de la banque ?). En effet, les clauses statutaires *limitant les pouvoirs* des dirigeants sont *inopposables* aux tiers, peu importe qu'ils en aient eu ou non-connaissance.

10 – bonne réponse : ❒ b

La cessation des fonctions d'un dirigeant social ne met pas fin à ses obligations découlant du cautionnement conclu pour une durée indéterminée dès lors qu'il n'a pas stipulé cette cause et manifesté son intention de suspendre sa garantie à la date de cette cessation, et ce quand bien même ses fonctions auraient pris fin en vertu d'une décision de justice (jurisprudence constante : ex., Cass. com. 3 nov. 1988 ; 30 mai 1989 ; 3 janv. 1991 ; CA Paris 12 mai 1995).

11 – bonne réponse : ❒ b

Selon l'article 48 du Code de procédure civile, toute clause qui, directement ou indirectement, déroge aux règles de la compétence territoriale (dont le principe veut que le demandeur plaide là où demeure le défendeur) est réputée non écrite à moins qu'elle n'ait été convenue par : 1 – clause très apparente ; 2 – entre des personnes ayant **toutes** contracté ; 3 – en **qualité de commerçant**. Or, si le cautionnement des dettes d'une SARL par le gérant a bien un caractère commercial (justifiant la compétence matérielle des juges consulaires), ce caractère commercial du cautionnement, **à lui seul**, ne confère pas la qualité de commerçant à la caution. La clause acceptée n'a donc aucun effet et l'on revient au droit commun de la compétence *ratione loci*.

12 – bonne réponse : ❒ b

Sauf si elle procède d'un acte de commerce par nature (ex. une banque se porte garante à première demande), l'obligation que fait naître la *garantie à première demande* à la charge du gérant qui n'est pas commerçant est de nature **civile**. Le gérant n'a pas accompli un acte de commerce par nature ou par la forme. Cette solution découle directement de l'**autonomie** (c'est ici le mot *clef*) d'une telle garantie par rapport au contrat de base. Le caractère commercial de la dette de la SARL est sans influence sur la nature de l'obligation du garant. Et il importe peu que le gérant ait ou non un intérêt patrimonial personnel au paiement de la dette. Au titre des incidences, le garant à première demande peut, par exemple, soulever l'*incompétence matérielle* du tribunal de commerce, au profit du tribunal civil (Aix-en-Provence, 15 avril 1993). Et c'est là une différence profonde avec le **cautionnement** puisque la *Cour de cassation* décide que « *la compétence des tribunaux de commerce, régie par l'art. 631 C. com., s'étend à la caution qui, n'ayant pas la qualité de commerçant, a néanmoins un intérêt patrimonial personnel à la dette contractée par le débiteur commerçant, et par elle cautionnée* » (C. cass., ch. com. 16 mars 1993).

13 – bonnes réponses : ❒ a ❒ b

Pour les cautionnements (ou les emprunts) souscrits par ***un seul*** époux, celui-ci engage : ses biens propres, ses gains et salaires et les revenus de ses biens propres. Pour les cautionnements (ou les emprunts) souscrits par un seul époux, mais avec l'***accord*** de son conjoint, l'époux souscripteur engage : ses biens propres, ses gains et salaires, les revenus de ses biens propres, plus les biens de la communauté, les gains et salaires de son conjoint et les revenus des biens propres de ce dernier. Pour les cautionnements (ou les emprunts) pour lesquels les époux se sont portés ***tous les deux solidaires***, les époux engagent tous leurs biens.

14 – bonne réponse : ❒ c

En vertu de l'article 180 alinéa 3 de la loi n° 98 du 25 janvier 1985, les sommes versées par les **dirigeants sociaux** condamnés dans le cadre de l'action en comblement du passif social (art. 180 al. 1), **entrent dans le patrimoine de la société débitrice** et sont réparties, en cas de liquidation judiciaire, **entre tous les créanciers du passé au marc le franc**. Dès lors, la répartition de ces sommes s'effectue sans accorder un rang prioritaire aux créances salariales superprivilégiées (ni à aucune autre – y compris celle du Trésor public), telles celles de l'AGS et des ASSEDIC qui en ont fait l'avance.

15 – bonne réponse : ❒ c

Un **gérant de droit** ne peut dégager sa responsabilité en prétendant qu'il n'était que fictif et le prête-nom du gérant de fait. Le tribunal est donc en droit de lui appliquer l'une des mesures prévues par les articles 187 et s. de la loi du 25 janvier 1985.

16 – bonne réponse : ❒ a

La perception des allocations de chômage est incompatible avec l'activité à temps plein d'un mandat social, que ce dernier soit ou *non* rémunéré. Si de telles allocations avaient été perçues, elles doivent être reversées au nom du quasi-contrat du paiement de l'indu.

17 – bonnes réponses : ❒ a ❒ b ❒ c

La loi du 1er mars 1984 relative à la prévention et au règlement amiable des difficultés des entreprises oblige les sociétés par actions et les SARL à déposer, quelle que soit leur importance, à des fins de publicité, leurs comptes annuels au registre du commerce et des sociétés : leur bilan, compte de résultat et annexe, comptes détaillés, synthèse des comptes et éventuellement le compte rendu du commissaire aux comptes. Les dispositions de ce texte résultent de la transposition de la IVe directive CEE. Nécessaire à la protection des tiers, comme à la prévention des difficultés des entreprises, cette publicité offre la possibilité pour toute personne de consulter (et éventuellement d'en demander la copie), le cas échéant par voie télématique, les comptes déposés au RCS.

18 – bonne réponse : ❒ b

La violation de l'obligation de dépôt des comptes est, par application de l'article 131-13 du Code pénal auquel renvoient les articles 13-1, 16, 44-1, 53 et 293 du décret du 23 mars 1967 sur les sociétés commerciales, pénalement sanctionnée d'une **amende de 10 000 F** portée au double de ce montant en cas de récidive (**contravention de 5e classe**). Il appartient au procureur de la République d'engager les poursuites nécessaires à la répression de cette infraction. En outre, tout intéressé peut, sur le fondement de l'article 283 du décret précité, demander au président du tribunal de commerce statuant en référé de désigner un mandataire chargé de suppléer la carence de la société en procédant au dépôt des comptes.

19 – bonne réponse : ❒ a

La décision de transformation d'une SARL en une société d'une autre forme est, aux termes de l'article 69, alinéa 3, de la loi du 24 juillet1966, **précédée du rapport d'un commissaire aux comptes** sur la situation de la société. Ces dispositions doivent se combiner avec celles de l'article 72-1 de la même loi qui visent la **transformation en SA**, en imposant dans ce cas la désignation par **décision de justice** d'un ou plusieurs **commissaires à la transformation** chargés d'apprécier sous leur responsabilité la valeur composant l'actif social et les avantages particuliers. Un lien est par ailleurs assuré avec la procédure de l'article 69, alinéa 3, qui vient d'être évoquée, dans la mesure où l'article 72-1, dans une rédaction résultant de la loi du 5 janvier 1988, précise, d'une part, que ces *commissaires à la transformation* peuvent précisément être chargés de l'établissement du rapport prévu à l'article 69 et que, dans ce cas, il n'est rédigé qu'un seul rapport et, d'autre part, que **le** ***commissaire aux comptes***

de la société peut être nommé *commissaire à la transformation*. Si la SARL opérant sa transformation en SA est dotée d'un commissaire aux comptes, ces dispositions permettent ainsi d'éviter le risque de dualité de commissaires et de rapports. Le **tribunal** saisi reste cependant **libre d'apprécier** l'opportunité de désigner un autre commissaire à la transformation, s'il estime que la mission particulière d'appréciation de la valeur des biens composant l'actif social ne doit pas, dans le cas d'espèce, lui être confiée. Une telle hypothèse ne peut cependant se réaliser que dans la mesure où les associés n'auraient pas usé de la faculté de désigner, en vertu d'une **décision unanime**, comme commissaire à la transformation, le commissaire aux comptes de la société.

20 – bonnes réponses : ❒ a ❒ b ❒ d

A ce jour, seules les SARL dites EURL (et les entreprises agricoles à responsabilité limitée, dites EARL) peuvent être constituées par une seule personne.

21 – bonne réponse : ❒ d

C'est la **loi** du **11 juillet 1985** relative à « l'entreprise unipersonnelle à responsabilité limitée » qui a permis en droit français la création d'une société unipersonnelle revêtant la forme d'une SARL commerciale en modifiant l'article 34 de la loi du 24 juillet 1966 : « *La société à responsabilité limitée est instituée par* ***une*** *ou plusieurs personnes qui ne supportent les pertes qu'à concurrence de leurs apports. Lorsque la société ne comporte qu'une seule personne, celle-ci est dénommée « associé unique ». L'associé unique exerce les pouvoirs dévolus à l'assemblée des associés par les dispositions du présent chapitre* ». **Complément** : une telle société peut devenir pluripersonnelle par cession de parts, puis unipersonnelle par réunion de toutes les parts sociales en une seule main.

22 – bonne réponse : ❒ b

La loi **allemande** du 4 juillet 1980 organise la « *Einmann Gmbh* » (société à responsabilité limitée d'une seule personne) et ce type est connu au **Royaume-Uni** (*One man Limited Company*). Par contre, la **Belgique** a choisi la voie du « patrimoine affecté ».

23 – bonne réponse : ❒ c

La réponse fait appel à l'application du principe de l'*unicité du patrimoine*. Le jugement d'ouverture de redressement judiciaire interdit l'exercice par les créanciers, dont la créance a son origine antérieurement à ce jugement, la mise en œuvre de toute voie d'exécution, sur **tous les biens du débiteur**, tant meubles qu'immeubles et peu importe qu'en l'espèce la créance invoquée trouve son origine dans une activité distincte de celle ayant donné lieu à l'ouverture de la procédure collective (art. 47 de la loi du 25/1/1985, et art. 57 pour l'interdiction de toute inscription hypothécaire après le jugement d'ouverture). Le débiteur, personne physique n'a qu'un seul patrimoine. L'intérêt de cette question est de montrer que si cette personne avait constitué deux EURL, les créanciers de l'une ne pouvaient pas saisir les biens de l'autre.

24 – bonne réponse : ❒ d

Dans la société unipersonnelle, du fait qu'il n'y a qu'un seul associé, *l'affectio societatis* n'existe pas ; cependant l'associé unique doit avoir la *volonté réelle* de constituer une société.

25 – bonne réponse : ❒ c

c. Interdiction posée par l'article 36-2, alinéa 1er de la loi du 24 juillet 1966 : en cas de violation, tout intéressé peut demander la dissolution des sociétés irrégulièrement constituées (al. 2). **d.** Cette interdiction a été supprimée par la loi du 11 février 1994, dite « loi Madelin ».

26 – bonne réponse : ❒ b

Divisé en parts sociales égales (L. 24 juill. 1966, art. 35, al. 1er), mais l'obligation d'un montant nominal minimum fixé à 100 F a été supprimée par la loi du 11 février 1994.

27 – bonnes réponses : ❒ a ❒ b ❒ c

Si, en principe, les parts sociales de SARL ne peuvent représenter des apports en industrie (L. 24 juill. 1966, art. 38), l'associé unique peut faire un apport en industrie si l'objet social porte sur l'exploitation d'un fonds de commerce ou d'une entreprise artisanale apporté à la société ou créé par elle à partir d'éléments corporels ou incorporels qui lui sont apportés en nature et que son activité principale demeure liée à la réalisation de l'objet social (al. 2).

28 – bonnes réponses : ❒ c ❒ d

Aucune disposition légale ou réglementaire n'impose à une EURL d'être désignée par l'appellation « entreprise unipersonnelle à responsabilité limitée » ou « EURL » ; en revanche elle doit être dénommée par les mots « société à responsabilité limitée » ou par les initiales « SARL » comme le précise expressément l'article 34, alinéa 3, de la loi de 1966 sur les sociétés commerciales, ainsi que l'article 28 de son décret d'application. **Les statuts** d'une EURL font nécessairement, **eux**, apparaître que la société est constituée par un associé unique.

29 – bonne réponse : ❒ a

La gérance de l'EURL doit obligatoirement être assurée par une **personne physique** ; d'où la gérance doit obligatoirement être confiée à une personne physique non associée lorsque l'associé unique est une personne morale (L. 24 juill. 1966, art. 49).

30 – bonnes réponses : ❐ a ❐ b ❐ c

L'associé unique personne **physique** ou le **gérant non-associé** ne peut contracter, sous quelque forme que ce soit, des emprunts auprès de l'EURL, ni se faire consentir par elle un découvert en compte courant ou autrement, ni faire cautionner ou avaliser par elle ses engagements avec des tiers (droit commun de la SARL et SA). Ces interdictions ne s'appliquent cependant pas à l'associé unique personne **morale** (L. 5 janv. 1988, art. 51, al. 1er modifié) mais vise le ***représentant légal*** de ladite personne morale associée.

31 – bonne réponse : ❐ b

C'est la conséquence de la distinction entre l'associé unique et la personne morale sociétaire qui a son autonomie juridique. D'où : l'EURL a un **actif** et un **passif** distincts de celui de l'associé unique de même qu'elle a son **intérêt** propre. Sauf si l'associé unique s'était porté caution des dettes de « son » EURL, un créancier ***personnel*** du premier ne peut pas inscrire une sûreté judiciaire sur les biens de la seconde (ex., CA Toulouse, 25 mai 1987).

32 – bonne réponse : ❐ d

L'EURL n'est pas dissoute lorsqu'un jugement de liquidation judiciaire, la faillite personnelle, l'interdiction de gérer ou une mesure d'incapacité, est prononcé **à l'égard** de l'**associé** unique (à ne pas confondre avec les mêmes mesures touchant la société elle-même). Si un tel événement atteint le gérant non associé, il entraîne la cessation de ses fonctions. Le décès de l'associé unique n'entraîne pas dissolution de l'EURL, sauf stipulation contraire des statuts (L. 24 juill. 1966, art. 67 bis).

33 – bonnes réponses : ❐ a ❐ b

a. Sauf option pour l'impôt sur les sociétés et si l'EURL a pour associé unique une **personne physique** (article 8 du CGI ; L. fin. 1986, art. 5-I) : les bénéfices sociaux sont donc imposés entre les mains de l'associé unique à l'impôt sur le revenu dans la catégorie correspondant à l'activité exercée : BIC ou BNC. **b.** Lorsque l'associé unique est une **personne morale**, l'EURL est obligatoirement assujettie à l'impôt sur les sociétés : peu importe le régime fiscal (IR ou IS) et la forme de la personne morale associée unique.

34 – bonnes réponses : ❐ b ❐ c

Déduction du salaire du conjoint **commun en biens** : limitée à 17 000 F par an ; pour les EURL adhérant à un centre de gestion agréé ou à une association agréée, cette limite est portée à 36 fois le montant mensuel du SMIC (CGI, art. 154-I, modifié par L. 11 févr. 1994). Ce plafonnement de la déduction du salaire du conjoint concerne les EURL assujetties à **l'impôt sur le revenu** ; en cas d'**IS** = déduction totale. De même, cette limitation ne s'applique pas lorsque l'associé et son conjoint sont mariés sous un **régime séparatif** : séparation de biens ou participation aux acquêts.

CHAPITRE 7

La société anonyme (SA) – 1

Les fourmis assemblées peuvent vaincre le lion.

Proverbe Persan.

Saadi, *Goulistan,* III, 28,XIIIe s.

1 – *Dans certain cas, l'objet social dicte la forme sociale, c'est-à-dire que celle-ci est imposée. Ainsi, les sociétés d'investissement à capital variable et les sociétés de gestion des fonds communs de placement revêtent obligatoirement la forme de :*

*

❒ a. SNC

❒ b. SARL

❒ c. SA avec conseil d'administration et « PDG »

❒ d. SA avec conseil de surveillance et directoire

2 – ***Sauf dispenses*** (nombreuses), ***quels sont les étrangers – personnes physiques – qui ont besoin de la carte de commerçant lorsque l'activité est exercée sous forme sociale ?***

**

❒ a. les associés d'une SNC

❒ b. le ou les commandités d'une SCS ou SCA

❒ c. le ou les commanditaires d'une SCS ou SCA

❒ d. le gérant d'une SARL unipersonnelle ou pluripersonnelle

❒ e. l'associé majoritaire d'une SARL

❒ f. le président du conseil d'administration d'une SA et, le cas échéant, le ou les directeurs généraux ayant pouvoir d'engager la société à l'égard des tiers

❒ g. le président du directoire ou le directeur général unique et, le cas échéant, les directeurs généraux ayant pouvoir d'engager la société à l'égard des tiers

3 – ***La SA de type classique est administrée par un conseil d'administration*** (nommé par l'assemblée générale des actionnaires) ***composé de :***

*

❒ a. 3 membres au moins et 12 au plus

❒ b. 3 membres au moins et 15 au plus

❒ c. 3 membres au moins et 24 au plus

❒ d. 5 membres au moins et 26 au plus

4 – ***Un mineur émancipé a la capacité juridique suffisante pour être nommé administrateur :***

*

❒ a. oui, et ce sans l'accord de ses parents

❒ b. oui, mais avec le consentement parental

❒ c. non

5 – ***Une personne non-actionnaire peut être désignée au poste d'administrateur :***

**

❒ a. oui ❒ b. non

6 – *Relativement aux conseils d'administration ou conseils de surveillance de sociétés anonymes ayant leur siège social en France métropolitaine, une personne physique ne peut – en principe – cumuler plus de :*

*

- ❒ a. 2 mandats
- ❒ b. 3 mandats
- ❒ c. 5 mandats
- ❒ d. 8 mandats

7 – *M. Paul est administrateur dans huit SA. L'une de ces sociétés a une participation égale ou supérieure à 20 p. 100 dans une neuvième : la SA Fitou. En outre, la SA Fitou détient à son tour une participation de 20 p. 100 au moins dans quatre autres SA : A, B, C, D. Paul peut cumuler un nombre de mandat d'administrateur au maximum de :*

***

- ❒ a. huit
- ❒ b. neuf
- ❒ c. treize

8 – *Sauf clause contraire des statuts, dans un conseil d'administration ou de surveillance de 5 membres, la loi ne permet :*

**

- ❒ a. qu'un seul administrateur de plus de 65 ans
- ❒ b. qu'un seul administrateur de plus de 70 ans
- ❒ c. que deux administrateurs de plus de 65 ans
- ❒ d. que deux administrateurs de plus de 70 ans

9 – *Les statuts de la SA Dufils prévoient un minimum de sept sièges d'administrateur. Deux des neuf administrateurs trouvent la mort dans un accident de la circulation. Dès lors, le conseil d'administration :*

**

- ❒ a. peut combler la vacance des sièges par cooptation
- ❒ b. doit combler la vacance des sièges par cooptation
- ❒ c. doit nécessairement réunir les actionnaires

10 – *La décision de révocation du « P-DG » appartient :*

**

- ❒ a. directement au conseil d'administration
- ❒ b. directement à l'assemblée générale des actionnaires
- ❒ c. indirectement au conseil d'administration
- ❒ d. indirectement à l'assemblée générale des actionnaires

11 – *Le PDG de la SA Vêtir, spécialisée dans le prêt-à-porter, entend porter sa société caution solidaire au profit d'une entreprise cliente afin que cette dernière obtienne un prêt bancaire. Pour cet engagement de sûreté personnelle, le PDG :*

**

❒ a. n'a besoin d'aucune autorisation particulière

❒ b. a besoin d'une autorisation du conseil d'administration

❒ c. a besoin d'une autorisation de l'assemblée générale des actionnaires

12 – *Les directeurs généraux secondant le PDG d'une SA peuvent être* au maximum au *nombre de :*

**

❒ a. un

❒ b. deux

❒ c. trois

❒ d. cinq

13 – *Le directeur général est nommé :*

*

❒ a. par le PDG, seul

❒ b. par le conseil d'administration, seul

❒ c. par le conseil d'administration sur proposition du PDG

❒ d. par le PDG sur proposition du conseil d'administration

14 – *Le directeur général peut-il, sans pouvoir spécial ou en l'absence de clause particulière des statuts, ester en justice au nom de la SA ?*

***

❒ a. oui

❒ b. non

15 – *Dans une SA de type moderne :*

*

❒ a. les actionnaires nomment les membres du directoire et le président du directoire

❒ b. les actionnaires nomment les membres du directoire, puis le directoire désigne son président

❒ c. le conseil de surveillance nomme les membres du directoire et le président du directoire

❒ d. le conseil de surveillance nomme les membres du directoire, puis le directoire désigne son président

16 – *Les membres du directoire d'une SA peuvent être au nombre de :*

***

❒ a. un
❒ b. deux
❒ c. cinq
❒ d. sept

17 – *Sauf départ anticipé (démission, révocation...), la durée du mandat des membres du directoire peut-être de :*

**

❒ a. deux ans
❒ b. quatre ans
❒ c. six ans
❒ d. sept ans

18 – *Le directoire de la SA Vêtir, spécialisée dans le prêt-à-porter, entend porter sa société caution solidaire au profit d'une entreprise cliente afin que cette dernière obtienne un prêt bancaire. Pour cet engagement de sûreté personnelle, le directoire :*

**

❒ a. n'a besoin d'aucune autorisation particulière
❒ b. a besoin d'une autorisation du conseil de surveillance
❒ c. a besoin d'une autorisation de l'assemblée générale des actionnaires

19 – *Le président du directoire est révoqué par :*

**

❒ a. les autres membres du directoire
❒ b. le conseil de surveillance
❒ c. il est irrévocable

20 – *Parmi les personnes ci-dessous, lesquelles peuvent être membres du conseil de surveillance d'une SA de droit privé :*

**

❒ a. un non-actionnaire
❒ b. un membre du directoire
❒ c. l'épouse actionnaire d'un mari membre du directoire
❒ d. les représentants du personnel salarié non-actionnaires

21 – *Dans une SA, le nombre d'administrateurs ou de membres du conseil de surveillance* élus par le personnel salarié *:*

***

❒ a. ne peut être supérieur à quatre

❒ b. ne peut être supérieur à cinq

❒ c. ne peut excéder le tiers du nombre des autres administrateurs ou membres du CS

22 – *Le conseil de surveillance d'une SA est convoqué par :*

**

❒ a. son président

❒ b. son vice-président

❒ c. à la demande d'un cinquième au moins des membres du directoire

❒ d. à la demande d'un quart au moins des membres du conseil de surveillance

23 – *Il est interdit aux administrateurs personnes physiques* (non élus par les salariés) *de la SA Pluyette, spécialisée dans la micro-informatique, de :*

*

❒ a. contracter pour leur compte, sous quelque forme que ce soit, des emprunts auprès de la société

❒ b. se faire consentir par la société un découvert, en compte courant ou autrement

❒ c. consentir à la société un découvert, en compte courant ou autrement

❒ d. faire cautionner ou avaliser par la société leurs engagements envers des tiers

❒ e. cautionner ou avaliser les engagements de la société envers des tiers

❒ f. se faire consentir des avances sur frais de voyages professionnels

24 – *Un PDG cède à une banque une créance qu'il détient sur la SA qu'il dirige. Au regard du droit des sociétés, l'opération de cession de créance appartient à la catégorie des conventions :*

***

❒ a. libres

❒ b. interdites

❒ c. réglementées

❒ d. étrangères au droit des sociétés

25 – *Les conventions dîtes réglementées dans les SA de type classique sont soumises aux étapes procédurales suivantes :*
*
- ❒ a. information du conseil d'administration
- ❒ b. autorisation préalable par le conseil
- ❒ c. avis aux commissaires aux comptes
- ❒ d. rapport spécial par les commissaires aux comptes
- ❒ e. consultation et vote de l'assemblée générale ordinaire des actionnaires
- ❒ f. dépôt immédiat de la résolution approuvée au greffe

26 – *La SA Gigord propose à M. Kéral, directeur du marketing, d'assumer pour un mandat de six ans des fonctions de dirigeant social. Il est convenu qu'au cours de ce mandat, le contrat de travail de M. Kéral serait suspendu. Ce contrat de travail reprend-il effet de plein droit en cas de révocation* ad nutum *du dirigeant ?*
**
- ❒ a. non, car il y a eu révocation et non-expiration normale du mandat social
- ❒ b. oui, le contrat de travail reprend automatiquement son cours

27 – *Après avoir ouvert un redressement judiciaire à l'égard de la SA Saphir, le Tribunal de commerce de Lyon constate que Robert, président du directoire, est à l'origine de fautes de gestion en rapport avec le dépôt de bilan de la société. Relativement à* l'action en comblement du passif social (art. 180, L. 25 janvier 1985), *le tribunal :*
*
- ❒ a. doit condamner Robert
- ❒ b. peut condamner Robert

28 – *Dans le cadre de la liquidation judiciaire de la SA Nico, un jugement prononçant l'interdiction de diriger des personnes morales a été prononcé à l'encontre du « PDG », M. Lucas. Ce jugement est porté :*
*
- ❒ a. au casier judiciaire de M. Lucas
- ❒ b. sur les registres de la SA Nico
- ❒ c. au casier judiciaire de la SA Nico
- ❒ d. sur un registre à la préfecture

29 – *Les sommes qu'un dirigeant salarié de SA a dû payer au créancier de sa société en exécution d'un* engagement de caution *sont déductibles de son revenu imposable de l'année au cours de laquelle le paiement a été effectué à condition :*

***

❒ a. que son engagement comme caution se rattache directement à sa qualité de dirigeant

❒ b. qu'il ait été pris en vue de servir les intérêts de l'entreprise

❒ c. qu'il n'ait pas été hors de proportion avec les rémunérations allouées à l'intéressé ou qu'il pouvait escompter au moment où il l'a contracté

30 – *Les tiers trompés par une certification donnée* hâtivement *peuvent-ils engager la responsabilité civile du commissaire aux comptes de la SA contrôlée ?*

*

❒ a. oui, le commissaire aux comptes étant tenu à une obligation de résultat

❒ b. oui, le commissaire aux comptes étant soumis à une obligation de moyen

❒ c. non, en l'absence d'intention de nuire du contrôleur

31 – *Les commissaires aux comptes qui se rendent coupables de fautes professionnelles encourent des* sanctions disciplinaires *infligées par :*

**

❒ a. la chambres locale de discipline

❒ b. la chambre départementale de discipline

❒ c. la chambre régionale de discipline

❒ d. la chambre nationale de discipline

32 – *Quels sont les organes compétents pour connaître du* contentieux *relatif à la* détermination des honoraires *dus aux commissaires aux comptes par les SA auprès desquelles ils exercent leur mandat ?*

***

❒ a. la chambres régionale de discipline

❒ b. la chambre nationale de discipline

❒ c. les juridictions administratives

❒ d. les juridictions de l'ordre judiciaire

33 – *Combien de commissaires aux comptes titulaires doivent être désignés dans les* sociétés établissant des comptes consolidés *et, en cas de pluralité, doivent-ils appartenir à des cabinets différents ?*

***

❒ a. deux commissaires aux comptes titulaires ne devant pas appartenir au même cabinet

❒ b. deux commissaires aux comptes titulaires pouvant appartenir au même cabinet

❒ c. trois commissaires aux comptes titulaires ne devant pas appartenir au même cabinet

❒ d. trois commissaires aux comptes titulaires pouvant appartenir au même cabinet

Grille de dépouillement

N° QUESTIONS	BONNES RÉPONSES	NOMBRE DE RÉPONSES CORRECTES	N° QUESTIONS	BONNES RÉPONSES	NOMBRE DE RÉPONSES CORRECTES
1	c – d		17	a – b – c	
2	a/b/d/f/g		18	b	
3	c		19	b	
4	a		20	c	
5	a		21	a – b – c	
6	d		22	a – b	
7	c		23	a – b – d	
8	b		24	d	
9	a		25	a/b/c/d/e	
10	a – d		26	b	
11	b		27	a	
12	a – b – d		28	a	
13	c		29	a – b – c	
14	b		30	b	
15	c		31	c – d	
16	a/b/c/d		32	a – b – d	
			33	a	
	TOTAL			TOTAL	

+ +

Score sur 20

$$\frac{\boxed{} \times 20}{60} = \quad /20$$

Réponses

1 – bonnes réponses : ❒ c ❒ d

L. du 3 janv. 1979, art. 1er pour les premières et L. du 13 juill. 1979, art. 10 pour les secondes.

2 – bonnes réponses : ❒ a ❒ b ❒ d ❒ f ❒ g

On constate que la carte de commerçant est exigée des associés de nationalité étrangère tenus indéfiniment et solidairement des dettes sociales, ainsi que des associés et non associés de nationalité étrangère ayant le pouvoir de diriger, gérer ou le pouvoir général d'engager à titre habituel la personne morale. *Complément* : aucune carte n'est délivrée aux sociétés étrangères elles-mêmes.

3 – bonne réponse : ❒ c

L. 24 juill. 1966, art. 89, al. 1er , réd. L. du 11 févr. 1994. Avant la loi de 1994, le nombre maximal était de 12 ou, dans les sociétés admises à la cote officielle d'une bourse de valeurs, de 15. Non compris : les administrateurs élus par le personnel salarié qui ne peuvent dépasser le nombre de 4, ni excéder le tiers du nombre des autres administrateurs. *Complément* : 1 – Ces chiffres sont transposables aux membres du conseil de surveillance des SA de type moderne. 2 – Dans le cas de fusion, le nombre d'administrateurs peut dépasser le maximum de 24 pendant un délai de trois ans sans pouvoir être supérieur à 30.

4 – bonne réponse : ❒ a

Il a sur ce point la même capacité civile qu'un majeur (C. civ., art. 481) ; la réponse est négative pour un mineur non émancipé.

5 – bonne réponse : ❒ a

Les administrateurs doivent posséder un certain nombre d'actions déterminé par les statuts, **mais** l'article 95 de la loi du 24 juillet 1966 n'impose pas que les administrateurs doivent être choisis **parmi** les actionnaires : la personne non-actionnaire **doit régulariser** sa situation dans un délai de trois mois à compter du jour de sa nomination.

6 – bonne réponse : ❒ d

L. du 24 juill. 1966, art. 92, al. 1er et art. 151, al. 1er. **Complément** : 1 – Les personnes morales peuvent être titulaires d'un nombre illimité de mandats ; 2 – Les mandats assumés dans des sociétés ayant leur siège dans les DOM, les TOM ou à l'étranger ne sont pas comptabilisés.

7 – bonne réponse : ❒ c

La limitation à **huit** sièges par administrateur ne s'applique pas (article 92, alinéas 3 et 4, de la loi du 24 juillet 1966) aux administrateurs des SA dont **le capital est détenu** à concurrence de 20 p. 100 au moins par une autre société dont ils sont déjà administrateurs (ou membres du directoire ou conseil de surveillance), dans la mesure où le nombre des mandats détenus dans les **sociétés contrôlées** par le biais de ladite participation de 20 p. 100 ne dépasse pas le chiffre de **cinq**. En l'espèce, rien n'interdit à Paul d'accepter un 9e siège au conseil d'administration de la SA Fitou. Et puisque cette dernière détient à son tour une participation de 20 p. 100 au moins dans les SA A, B, C, D, il peut cumuler 4 mandats d'administrateur dans ces sociétés avec les 9 mandats précédents. *Complément* : le même raisonnement vaut pour les cumuls à des postes au conseil de surveillance de SA de type moderne (alinéas 3 et 4 de l'article 136 de la loi du 24 juillet 1966).

8 – bonne réponse : ❒ b

A défaut de disposition statutaire, le nombre des administrateurs ou membres du conseil de surveillance ayant dépassé l'âge de 70 ans **ne peut être supérieur au tiers des sièges** (L. 24 juill. 1966, art. 90-1, al. 2). Les dispositions légales ou statutaires relatives à la limite d'âge s'appliquent au représentant permanent d'une personne morale administrateur.

9 – bonne réponse : ❒ a

Lorsqu'un ou plusieurs sièges d'administrateur deviennent vacants par suite du décès ou de la démission de leurs titulaires, le conseil d'administration **peut**, entre deux assemblées générales, procéder à des nominations à titre provisoire (L. 24 juill. 1966, art. 94). La cooptation devient obligatoire au cas où le nombre des administrateurs devient **inférieur à son minimum statutaire**, sans toutefois devenir **inférieur au minimum légal** (3). Dans ce dernier cas, les membres restants du conseil d'administration convoquent immédiatement une assemblée générale ordinaire (art. 94, al. 2). *Complément* : les cooptations d'administrateurs sont toujours faites à titre provisoire et doivent faire l'objet d'une ratification à la prochaine assemblée générale ordinaire (art. 94, al. 4).

10 – bonnes réponses : ❒ a ❒ d

La révocation du P-DG appartient au conseil d'administration (L. 24 juill. 1966. art. 110, al. 3) à tout moment, même si elle n'a pas été prévue dans l'ordre du jour. La décision de révocation appartient également indirectement à l'assemblée générale des actionnaires qui peut valablement révoquer le mandat de l'**administrateur** PDG, cette révocation emportant automatiquement celle du mandat de PDG.

11 – bonne réponse : ❒ b

Aux termes de l'alinéa 4 de l'article 98 de la loi du 24 juillet 1966, les cautions, avals et garanties donnés par des SA autres que celles exploitant des établissements bancaires ou financiers exigent une autorisation soit spéciale, soit annuelle du conseil d'administration. A défaut, la caution donnée par le président n'engage pas la société.

12 – bonnes réponses : ❒ a ❒ b ❒ d

Si le capital social est **inférieur à 500 000 F**, il ne peut être nommé qu'**un** directeur général. Si le capital social est au moins **égal à 500 000 F**, il est permis de désigner **deux** directeurs généraux. Si le capital social est au moins **égal à 10 millions** de francs, il est possible de porter ce nombre à **cinq**, à condition que trois d'entre eux au moins soient administrateurs (L. 24 juill. 1966, art. 115, modifié par L. 5 janv. 1988).

13 – bonne réponse : ❒ c

L. 24 juill. 1966, art. 115. *Complément* : la **révocation** suit le parallélisme des formes inverses : les directeurs généraux sont révocables à tout moment sur la proposition du président et par décision du conseil d'administration.

14 – bonne réponse : ❒ b

Il résulte de la loi du 24 juillet 1966, que le directeur général dispose, à l'égard des **tiers**, des **mêmes pouvoirs que le président** (art. 117 al. 2). Or, ce dernier représente la SA dans ses rapports avec les tiers et, sous réserve des pouvoirs que la loi attribue expressément aux assemblées d'actionnaires et au conseil d'administration et dans la limite de l'objet social, le PDG est investi des *pouvoirs les plus étendus pour agir en toute circonstance au nom de la société* (art. 113). En toute logique, on devrait déduire de la combinaison de ces textes que le directeur général est habile à agir en justice au nom de la société. Telle n'est cependant pas la position de la jurisprudence (Cass. crim. 6 mai 1985 ; soc. 27 mai 1992) qui décide que le directeur général ne peut ester en justice au nom de la société, en l'absence d'une **délégation spéciale** donnée par le conseil d'administration ou d'une **clause particulière des statuts**. Solution critiquable, d'autant que le défaut de pouvoir de celui qui figure au procès comme représentant d'une personne morale constitue une irrégularité de *fond* de l'acte de procédure.

15 – bonne réponse : ❒ c

L. 24 juill. 1966, art. 120, al. 1er. *Complément* : le pouvoir de **révocation** des membres du directoire appartient à l'**assemblée générale** statuant sur proposition du conseil de surveillance (L. 24 juill. 1966, art. 121 écartant le parallélisme des formes inverses).

16 – bonnes réponses : ❒ a ❒ b ❒ c ❒ d

Le nombre de membres du directoire ne peut dépasser le nombre de **cinq** (L. 24 juill. 1966, art. 119 et D. 23 mars 1967, art. 96) ni être inférieur à **deux**. *Complément* : 1 – si le capital social est inférieur à 1 000 000 F, il peut y avoir un directeur général **unique** ; 2 – si les actions de la SA sont admises aux négociations sur un marché réglementé (premier marché, second marché, nouveau marché), les statuts peuvent porter à **sept** le nombre maximum de membres du directoire (L. 24 juill. 1966, art. 119, al. 1er , modifié par L. 2 juill. 1996, art. 96-I).

17 – bonnes réponses : ❒ a ❒ b ❒ c

Les statuts fixent la durée du mandat du directoire dans une fourchette allant de **deux à six** ans. A défaut, la durée du mandat est de **quatre ans** (L. 24 juill. 1966, art. 122, réd. L. 5 janv. 1988). A l'expiration du délai, le conseil de surveillance procède au renouvellement (global) du directoire.

18 – bonne réponse : ❒ b

Sauf dans les sociétés exploitant un établissement bancaire ou financier, la constitution de sûretés, ainsi que les cautions, avals ou garanties, font obligatoirement l'objet d'une autorisation du conseil de surveillance (L. 24 juill. 1966, art. 128, al. 2, réd. L. 5 janv. 1988), de même que pour la cession d'immeubles par nature, la cession totale ou partielle de participations.

19 – bonne réponse : ❒ b

La loi de 1966 est muette sur les conditions de sa révocabilité. On admet qu'elle peut intervenir par décision du conseil de surveillance (T. com. Roubaix, 25 juill. 1973, confirmé en appel par Douai, 17 juin 1976), mais le révoqué conserve sa qualité de membre du directoire.

20 – bonne réponse : ❒ c

a. Les membres du CS sont obligatoirement choisis parmi les actionnaires. **b.** Aucun membre du conseil de surveillance ne peut faire partie du directoire. **c.** Aucune incompatibilité n'existe entre proches parents et alliés. **d.** L'obligation d'être actionnaire pèse aussi sur les membres élus par les salariés (l'exception concerne les conseils de surveillance (et les conseils d'administration) des SA du secteur public).

21 – bonnes réponses : ❒ a ❒ b ❒ c

a. et **c.** L. 24 juill. 1966, art. 97-1 et 137-1. **c.** Dans les SA dont les actions sont admises aux négociations sur un marché réglementé (premier marché, second marché, nouveau marché), le nombre d'**administrateurs** peut être porté à **cinq** (L. 24 juill. 1966, art. 97-1, al. 1er, modifié par L. 2 juill. 1996) ; cette dernière exception ne vaut pas pour les membres du conseil de surveillance.

22 – bonnes réponses : ❒ a ❒ b

Les statuts de la société déterminent les règles relatives à la convocation et aux délibérations du conseil de surveillance (article 107 du décret du 23 mars 1967). Cependant, le président du conseil de surveillance doit convoquer le conseil à une date qui ne peut être postérieure à 15 jours, lorsqu'**un** membre au moins du **directoire** ou **un tiers** au moins des membres du **conseil de surveillance** lui en fait la demande motivée.

23 – bonnes réponses : ❒ a ❒ b ❒ d

Article 106 de la loi du 24 juillet 1966 qui étend ces interdictions aux directeurs généraux (administrateurs ou non) ; aux représentants permanents des personnes morales administrateurs ; aux conjoints, ascendants et descendants des administrateurs, directeurs généraux ou représentants permanents des personnes morales administrateurs et, d'une manière générale, à toute personne interposée.

24 – bonne réponse : ❒ d

Entre les conventions interdites et celles totalement libres se placent les conventions réglementées. Mais, échappent à l'article 101 de la loi du 24 juillet 1966 les conventions qui ne sont pas conclues par la société elle-même : en l'espèce, la SA – débiteur cédé – n'est pas partie au contrat de cession de créance.

25 – bonnes réponses : ❒ a ❒ b ❒ c ❒ d ❒ e

Articles 101 et 103 L. 24 juill. 1966. Dans les SA de type moderne, ces conventions sont d'abord signalées au conseil de suveillance par le membre intéressé du directoire ou de ce conseil qui sollicite l'autorisation.

26 – bonne réponse : ❒ b

Une application logique de la *suspension* (laquelle n'est pas la *rupture*) conduit à décider que la révocation d'un mandat social n'a pas pour effet de résilier *ipso facto* le contrat de travail simplement suspendu pendant les fonctions sociales. Ces dernières ayant pris fin, le contrat de travail reprend son cours. L'employeur qui ne respecterait pas ses obligations mettrait fin unilatéralement au contrat de travail (licenciement abusif), étant précisé que la révocation d'un mandat social n'est pas en tant que tel une cause réelle et sérieuse de licenciement.

27 – bonne réponse : ❒ a

Comme pour la faillite personnelle ou l'interdiction de diriger les personnes morales, le tribunal *peut* ne pas condamner à l'action en comblement du passif social. Exemples de *fautes de gestion* permettant l'*action en comblement du passif social* : erreurs d'appréciation sur les investissements ; embauche de salariés alors que le passif est déjà trop lourdement grevé par les charges sociales ;

conditions de financement, ou mise en place de nouvelles technologies, insuffisamment étudiées ; absence de discernement commercial ; présence épisodique dans l'entreprise ; commercialisation d'un produit en violation de la législation en vigueur...

28 – bonne réponse : ❒ a

En application de l'art. 192 et s. de la loi du 25/1/1985, les jugements prononçant la faillite personnelle ou l'interdiction de diriger, gérer, administrer ou contrôler les personnes morales, doivent être mentionnés au **bulletin n° 2 du casier judiciaire**. La juridiction civile ou commerciale ne peut écarter cette « publicité » ; seule la réhabilitation dans les conditions prévues (art. 195) entraîne la disparition de la mention.

29 – bonnes réponses : ❒ a ❒ b ❒ c

Ces trois conditions **cumulatives** de déductibilité de la prise en charge du passif social par les dirigeants de droit ou de fait des sociétés sont fixées par la **jurisprudence du Conseil d'Etat**. Elles sont d'application stricte. Ainsi un contribuable, employé comptable de l'entreprise, dont il était également actionnaire, ne peut pas être regardé comme exerçant, en droit ou en fait, une fonction de dirigeant. L'engagement de caution qu'il a souscrit n'entre donc pas dans le cadre de l'exercice normal de ses fonctions de salarié mais est effectué, non pas pour conserver le revenu tiré de son emploi salarié, mais pour sauvegarder le capital qu'il détient dans la société. Ces sommes n'ont donc pas été admises en déduction (CAA Nantes, 3 juill. 1996).

30 – bonne réponse : ❒ b

Le contrôle des comptes par le commissaire aux comptes – professionnel indépendant et qualifié, investi d'une mission d'intérêt général – est imposé non seulement dans l'intérêt de la société et des associés, mais aussi des tiers (banques, fournisseurs...). Non tenu à une **obligation de résultat**, il ne peut être reproché au certificateur de ne pas avoir décelé une tromperie particulièrement bien dissimulée. Mais, engagé dans une **obligation de moyen**, le commissaire **doit mettre en œuvre tous les moyens** mis par la législation et la déontologie à la disposition de la profession, pour déceler et dénoncer les irrégularités. Une certification donnée hâtivement engage la responsabilité du certificateur, dans la mesure où la faute d'omission est la *cause génératrice du dommage subi* par les tiers, comme pourraient l'être les cocontractants d'une entreprise mise en liquidation judiciaire et dont les comptes ont été contrôlés à la sauvette.

31 – bonnes réponses : ❒ c ❒ d

Aux termes des articles 218 à 235 de la loi du 24 juillet 1966, mouture de la loi du 1er mars 1984 et relatifs au contrôle des SA, *nul ne peut exercer les fonctions de commissaire aux comptes s'il n'est pas préalablement inscrit sur une liste établie à cet effet*. L'art. 219 de la dite loi renvoie à un décret en

Conseil d'Etat, intervenu le 12 août 1969 et modifié le 3 juillet 1985, le soin de fixer l'organisation de la profession de commissaire aux comptes, en déterminant notamment les conditions d'inscription sur la liste, le mode d'établissement et de révision de la liste et le régime disciplinaire qui relèvent de commissions régionales d'inscription et, en appel, d'une commission nationale d'inscription, lesquelles sont en vertu de l'art. 219-2, instituées en **Chambres régionales de discipline** et en **Chambre nationale de discipline** pour connaître en première instance et en appel des actions disciplinaires.

32 – bonnes réponses : ❐ a ❐ b ❐ d

En vertu de l'art. 232 de la loi du 24 juillet 1966, les **honoraires** des commissaires aux comptes sont à la charge de la société qu'ils contrôlent. Pour assurer l'indépendance des commissaires, les honoraires sont fixés selon des modalités déterminées par décret en Conseil d'Etat. *La chambre régionale de discipline* et, en appel, la *Chambre nationale de discipline* sont compétentes pour connaître de **tout litige tenant à leur rémunération**. *Quid* ensuite ? Il résulte de l'ensemble des dispositions législatives précitées que les litiges relatifs à la **détermination des honoraires** des commissaires aux comptes par les sociétés auprès desquelles ils exercent leur mandat, qui ne concerne ni l'accès à la profession, ni la discipline professionnelle, ont le caractère de litiges de **droit privé**. Par suite, les recours formés contre les décisions prises en cette matière par la Chambre nationale de discipline relève de la **compétence de la juridiction** – non administrative – mais **judiciaire**.

33 – bonne réponse ❐ a

L'article 223, dernier alinéa, de la loi du 24 juillet 1966 dispose que les sociétés astreintes à publier des **comptes consolidés** sont tenues de désigner **au moins deux commissaires aux comptes** (titulaires). Cette obligation a été introduite par la loi du **1er mars 1984** qui a accru le rôle des commissaires aux comptes tout en renforçant l'essentielle exigence de leur indépendance. La volonté du législateur d'offrir toutes garanties quant à la fiabilité des **comptes des groupes de sociétés** l'a ainsi amené à imposer que, dans certains cas, deux commissaires aux comptes soient désignés. Pour que ce **double contrôle** soit **effectif et incontestable**, il paraît indispensable que les commissaires aux comptes appelés à contrôler de telles sociétés soient **indépendants** non seulement à l'égard de ladite société, mais aussi **l'un à l'égard de l'autre**. Concernant les **sociétés faisant appel public à l'épargne**, lesquelles sont en pratique presque toutes tenues de publier des comptes consolidés, la ***Commission des opérations de bourse*** a, le 29 septembre 1992, adopté la règle selon laquelle les deux commissaires aux comptes **ne doivent pas appartenir au même cabinet**. Le ***Conseil national des commissaires aux comptes*** a, pour sa part, indiqué le 8 avril 1993 que « *dans tous les cas où il est fait obligation de désigner plusieurs commissaires aux comptes, ceux-ci ne peuvent accepter le mandat que s'ils appartiennent à ou représentent des* ***cabinets distincts*** ». Ces décisions, qui ne constituent pas une nouvelle norme comptable, mais résultent de la simple application de la loi, sont conformes au texte de la loi et à la volonté du législateur insistant sur une parfaite indépendance des commissaires aux comptes.

CHAPITRE 8

La société anonyme – SA (2) et la société par actions simplifiée – SAS

Le fil triplé ne rompt pas facilement.

L'Ecclésiaste, IV, 12
IIIe s, av, J-C

1 – *Des actions sont grevées d'un usufruit. Le conseil d'administration convoque les actionnaires : ordre du jour* « nomination d'un commissaire aux comptes ». *En l'absence de clause statutaire particulière, qui a qualité pour voter à cette assemblée ?*

*

❒ a. l'usufruitier

❒ b. le nu-propriétaire

❒ c. l'usufruitier et le nu-propriétaire ensemble

2 – *Une assemblée générale d'actionnaires doit se tenir sur première convocation le 30 juin. L'insertion dans un journal d'annonces légales, la dernière insertion au BALO (SA faisant appel public à l'épargne) ou l'envoi des lettres recommandées (actions nominatives) doit s'effectuer* au plus tard *le :*

**

❒ a. 24 juin

❒ b. 20 juin

❒ c. 15 juin

❒ d. 1er juin

3 – *Dans une SA dont le capital social est de 40 millions de F, un ou plusieurs actionnaires regroupés ont le droit de requérir l'inscription de projets de résolutions à l'assemblée générale s'ils détiennent un montant du capital social égal au moins à :*

***

- ❒ a. 200 000 F
- ❒ b. 875 000 F
- ❒ c. 1 075 000 F
- ❒ d. 2 000 000 F

4 – *Un actionnaire convoqué à l'assemblée générale a retourné à la SA un pouvoir en blanc sans désignation de mandataire. Au cours de l'assemblée, il sera émis en son nom par le président de l'assemblée générale un vote :*

***

- ❒ a. favorable à l'adoption des projets de résolution présentés ou agréés par le conseil d'administration ou le directoire
- ❒ b. défavorable à l'adoption des projets de résolution présentés ou agréés par le conseil d'administration ou le directoire
- ❒ c. défavorable à tous les autres projets de résolution
- ❒ d. favorable à tous les autres projets de résolution

5 – *Les statuts peuvent subordonner l'accès aux assemblées générales ordinaires à la possession d'un nombre minimum d'actions qui est de :*

*

- ❒ a. cinq
- ❒ b. dix
- ❒ c. vingt
- ❒ d. aucune limitation statutaire n'est possible pour les AGO

6 – *Ont accès aux assemblées générales sans voix délibérative :*

*

- ❒ a. les représentants de la masse des obligataires
- ❒ b. les représentants des porteurs de titres participatifs
- ❒ c. les membres du comité d'entreprise
- ❒ d. les représentants des porteurs de parts de fondateur
- ❒ e. les mandataires des actionnaires à dividende prioritaire sans droit de vote

7 – *La présidence des assemblées d'actionnaires revient* de droit *:*

**

❐ a. à l'actionnaire le plus important

❐ b. au président du conseil d'administration

❐ c. au président du directoire

❐ d. au président du conseil de surveillance

8 – *Les assemblées générales ordinaires – AGO – délibèrent valablement :*

**

❐ a. sur première convocation : quorum 1/2 ; majorité 1/4

❐ b. sur première convocation : quorum 1/4 ; majorité 1/2

❐ c. sur deuxième convocation : aucun quorum n'est exigé ; majorité 1/4

❐ d. sur deuxième convocation : aucun quorum n'est exigé ; majorité 1/2

9 – *Les assemblées générales extraordinaires – AGE – délibèrent valablement :*

**

❐ a. sur première convocation : quorum 1/3 ; majorité 2/3

❐ b. sur première convocation : quorum 1/2 ; majorité 3/4

❐ c. sur deuxième convocation : quorum 1/4 ; majorité 2/3

❐ d. sur deuxième convocation : quorum 1/4 ; majorité 1/2

❐ e. sur troisième convocation : quorum 1/4 ; majorité 2/3

❐ f. sur troisième convocation : aucun quorum n'est exigé ; majorité 1/2

10 – *La feuille de présence de l'AGE de la SA Tournelle totalise 4 000 voix. Si l'on suppose que le quorum requis est atteint, pour que* la majorité *soit opérante, il faut que votent « pour » la résolution :*

**

❐ a. 2 666 voix

❐ b. 2 667 voix

11 – *Sont de la compétence des assemblées générales extraordinaires, les décisions suivantes :*

*

❒ a. autorisation d'émettre des obligations avec bons de souscription d'actions

❒ b. révocation des membres du conseil d'administration ou du directoire ou du conseil de surveillance *quand ceux-ci ont été nommé lors de l'assemblée constitutive*

❒ c. autorisation d'émettre des obligations convertibles en actions ou échangeables contre des actions

❒ d. ratification du déplacement du siège social décidé par le CA ou le CS

❒ e. autorisation d'émettre des certificats d'investissement

❒ f. approbation des apports en nature en cas d'absorption

12 – *La rédaction et le dépôt d'une* déclaration de conformité *sont-ils, sous peine de sanction, obligatoires en droit des sociétés et spécialement dans celui des SA ?*

*

❒ a. non

❒ b. oui

❒ c. non et oui

13 – *Un actionnaire ou un créancier de la SA InfosPlus sont-ils recevables à demander réparation du* préjudice collectif *résultant de l'aggravation du passif du fait du soutien du banquier dispensateur de crédit accordé à la SA placée depuis en liquidation judiciaire ?*

**

❒ a. oui

❒ b. non

14 – *La loi du 3 janvier 1983 a institué le démembrement des actions en certificats d'investissement et en certificats de droit de vote. Aux premiers sont attribués :*

*

❒ a. les droits pécuniaires de l'action

❒ b. tous les autres droits de celle-ci.

15 – *En vue de défendre leurs droits collectifs pécuniaires et extrapatrimoniaux, les porteurs d'obligations d'une même émission sont groupés de plein droit en :*

*

❒ a. une association

❒ b. une indivision

❒ c. une masse

❒ d. un syndicat

16 – *En dehors des obligations ordinaires, la loi de 1966 connaît les variétés d'obligations suivantes dites valeurs mobilières « composées » :*

**

❒ a. obligations convertibles en actions

❒ b. obligations échangeables contre des actions

❒ c. obligations avec bons de souscription d'actions

❒ d. obligations remboursables en actions

17 – *Parmi les opérations de restructuration des sociétés, quelles sont parmi les expressions ci-dessous, celles qui sont synonymes :*

*

❒ a. fusion par absorption

❒ b. fusion par constitution d'une société nouvelle

❒ c. fusion par annexion

18 – *La scission peut s'effectuer au profit :*

*

❒ a. de sociétés nouvelles

❒ b. de sociétés existantes

19 – *En règle de principe, la société absorbante répond des dettes de la société absorbée :*

*

❒ a. vrai ❒ b. faux

20 – *Le projet de fusion fait l'objet d'un avis inséré dans un journal d'annonces légales du département du siège social par chacune des sociétés participant à la fusion. Cette publicité ouvre aux créanciers et bailleurs un droit d'opposition devant le tribunal de commerce dans le délai de :*

*

❒ a. 10 jours ❒ c. 30 jours

❒ b. 20 jours ❒ d. 2 mois

21 – *Une société dont une fraction* supérieure à la moitié *de son capital appartient à une autre société est considérée comme une :*

*

❒ a. filiale

❒ b. participation

❒ c. succursale

22 – *La SA Hurton & Cie a adressé à la BNP une* lettre d'intention *afin que la banque ouvre un crédit à sa filiale de Toulouse. Suivant que cette* lettre d'intention *a été bien ou au contraire mal rédigée, à quoi peut-être tenue la société mère envers le banquier ?*

**

❐ a. aucun engagement juridique véritable

❐ b. engagement de caution

❐ c. une obligation de moyen

❐ d. une obligation de résultat

23 – *Une SA dont une fraction supérieure à 10 % de son capital est détenue par une autre SA ne peut posséder d'actions de celle-ci :*

**

❐ a. vrai ❐ b. faux

24 – *Une SARL dont une fraction supérieure à 10 % de son capital appartient à une SA peut détenir des actions émises par cette dernière :*

**

❐ a. vrai

❐ b. faux

25 – *La société L détient respectivement 60 % de M et N. Ces deux dernières détiennent chacune 30 % de O. En droit, on considère que L contrôle O :*

*

❐ a. vrai

❐ b. faux

26 – *La société par actions simplifiée a été introduite dans notre droit par une loi de :*

*

❐ a. 1966 ❐ c. 1985

❐ b. 1984 ❐ d. 1994

27 – *La SAS peut :*

**

❐ a. émettre des titres de créances négociables en ayant recours à des établissements de crédit pour leur placement

❐ b. recevoir des apports en numéraire

❐ c. recevoir des apports en nature

❐ d. recevoir des apports en industrie

28 – *Pour créer une SAS, il faut un nombre d'actionnaires d'au moins :*
*

❒ a. deux
❒ b. trois
❒ c. cinq
❒ d. sept
❒ e. une SAS peut être unipersonnelle

29 – *Peuvent être associés d'une SAS :*
***

❒ a. une SA
❒ b. un établissement public de l'Etat
❒ c. un établissement de crédit de droit privé
❒ d. une personne physique
❒ e. une association
❒ f. un groupement d'intérêt économique

30 – *Peuvent être associées d'une SAS :*
***

❒ a. une société civile
❒ b. une SARL
❒ c. une EURL
❒ d. une SA non cotée

31 – *La SAS a un capital social minimum de :*
**

❒ a. 50 000 F
❒ b. 250 000 F
❒ c. 1 500 000 F
❒ d. aucun minimum n'est imposé

32 – *Dans une SAS, un actionnaire peut être expulsé de la société :*
**

❒ a. possible, si les statuts prévoient cette faculté (clause d'exclusion)
❒ b. toujours possible, même dans le silence des statuts
❒ c. impossible, car cela serait contraire à l'*affectio societatis*

33 – *La loi impose dans une SAS la présence :*
**

❒ a. d'un gérant
❒ b. d'un président
❒ c. d'un collège de directeurs
❒ d. d'un conseil d'administration
❒ e. d'un conseil de surveillance

34 – *Dans une SAS, ne peuvent être adoptées ou modifiées qu'à l'*unanimité *des associés les décisions suivantes relatives aux :*

***

❒ a. clauses d'inaliénabilité

❒ b. clauses d'agrément

❒ c. délibérations concernant les comptes annuels et les bénéfices

❒ d. clauses d'exclusion

❒ e. dissolution anticipée de la SAS

❒ f. clauses envisageant le changement de contrôle affectant un actionnaire

35 – *Pour l'application du code général des impôts et du livre des procédures fiscales, la société par actions simplifiée est assimilée à une société :*

*

❒ a. de personnes

❒ b. de capitaux

Grille de dépouillement

N° QUESTIONS	BONNES RÉPONSES	NOMBRE DE RÉPONSES CORRECTES	N° QUESTIONS	BONNES RÉPONSES	NOMBRE DE RÉPONSES CORRECTES
1	a		19	a	
2	c		20	c	
3	c		21	a	
4	a – c		22	a – b – c – d	
5	b		23	a	
6	a – b – d – e		24	b	
7	b – d		25	a	
8	b – d		26	d	
9	a – c – e		27	b – c	
10	b		28	a	
11	a – c – e – f		29	a – b – c	
12	c		30	a – b – c – d	
13	b		31	b	
14	a		32	a	
15	c		33	b	
16	a – b – c – d		34	a – b – d – f	
17	a – c		35	b	
18	a – b				

TOTAL ☐ TOTAL ☐

\+ ☐ +

Score sur 20

$$\frac{\square \times 20}{63} = \quad /20$$

Réponses

1 – bonne réponse : ❐ a

L'article 163 de la loi du 24 juillet 1966 dit que le droit de vote attaché à l'action appartient à **l'usufruitier** dans **les assemblées générales ordinaires** et au **nu-propriétaire** dans les **assemblées générales extraordinaires**. Toutefois, les statuts peuvent déroger à ces règles de partage du droit de vote entre le nu-propriétaire et l'usufruitier d'actions (al. 4, réd. L. 5 janv. 1988).

2 – bonne réponse : ❐ c

Le délai **entre la date** de l'insertion de l'avis de convocation ou de la dernière insertion au BALO ou de l'envoi des lettres **et** la **date** de l'assemblée doit être au moins de **15 jours** sur première convocation et de **6 jours** sur deuxième convocation.

3 – bonne réponse : ❐ c

Lorsqu'il représente au moins **5 %** du capital social, tout actionnaire a le droit de requérir l'inscription de projets de résolution à l'ordre du jour (L. 24 juill. 1966, art. 160, al. 2). L'article 128, alinéa 2, du décret du 23 mars 1967 pose la **réduction progressive** du pourcentage de 5 % lorsque le capital est supérieur à 5 millions de francs. Il s'élève alors à 4 % pour les 5 premiers MF, à 2,5 % pour la tranche de capital allant de 5 à 50 MF, à 1 % pour la tranche de capital comprise entre 50 et 100 MF et à 0,50 % pour le surplus du capital. **En l'espèce,** pour un capital social de 40 MF : 5 000 000 F x 4 % = 200 000 F et 35 000 000 F x 2,5 % = 875 000 F ; total du capital à détenir = 1 075 000 F. *Complément* : des règles particulières existent pour les actionnaires de sociétés cotées agissant non pas individuellement mais regroupés en *associations* (loi du 8 août 1994).

4 – bonnes réponses : ❐ a ❐ c

Article 161, alinéa 6, de la loi du 24 juillet 1966.

5 – bonne réponse : ❐ b

Peu importe le montant du capital social, la valeur nominale des actions et leur nombre (L. 24 juill. 1966, art. 165, al. 1er), mais cette limitation n'est pas possible pour les assemblées générales **extraordinaires** ; pour les AGO, les petits porteurs peuvent toujours se grouper pour atteindre le minimum statutaire.

6 – bonnes réponses : ❐ a ❐ b ❐ d ❐ e

a. et **b**. L. 24 juill. 1966, art. 302, 283-7 ; **d**. L. 13 janv. 1929, art. 11; **e**. L. 24 juill. 1966, art. 269-4.

7 – bonnes réponses : ❐ b ❐ d

Les assemblées d'actionnaires constituent un bureau (D. 23 mars 1967, art. 146, 147). Le bureau se compose de deux scrutateurs, d'un secrétaire et d'un président. En l'absence du président du conseil d'administration ou du conseil de surveillance, la présidence revient à la personne désignée par les statuts ou, dans le silence de ces derniers, à celle élue par l'assemblée.

8 – bonnes réponses : ❐ b ❐ d

Quorum = fraction du capital social dont la présence est requise pour que l'assemblée puisse voter valablement. Il s'agit de la **majorité** des voix dont disposent les actionnaires présents ou représentés (L. 24 juill. 1966, art. 155, réd. L. 30 déc. 1981).

9 – bonnes réponses : ❐ a ❐ c ❐ e

Sur le **quorum** : L. 24 juill. 1966, art. 153, al. 2, modifié par L. 8 août 1994. Sur la **majorité** : article 153, alinéa 3, L. 24 juillet 1966, réd. L. 30 déc. 1981.

10 – bonne réponse : ❐ b

Les deux tiers représentant 2 666,66 ne seraient pas atteints avec seulement 2 666 voix. Par contre, si des actionnaires présents et représentés totalisent 90 voix, la majorité légale est atteinte à partir de 60 voix « pour ».

11 – bonnes réponses : ❐ a ❐ c ❐ e ❐ f

a. c. et e. : L. 24 juill. 1966, art. 194-1, art. 195, art. 201 et 283-1 ; **f.** L. 24 juill. 1966, art. 378 – AGE pour la société absorbante.

12 – bonne réponse : ❐ c

La loi du 11 février **1994** a **supprimé** aux termes de son article 18, la **déclaration de conformité** qui devait être souscrite par **les fondateurs** de sociétés commerciales ou les mandataires sociaux à l'appui de la **demande d'immatriculation** de la société ou d'inscription consécutive à une **modification des statuts**. En conséquence, l'article 480 de la loi du 24 juillet 1966, qui sanctionne **pénalement** les personnes qui ont sciemment affirmé des faits matériellement faux ou omis de relater la totalité des opérations effectuées pour la constitution de la société dans cette déclaration de conformité, ne peut dorénavant recevoir application. Cependant, la loi de 1994 n'a pas modifié l'article 374 de la loi du 24 juillet1966, dont l'alinéa 3 oblige les sociétés participant à une **fusion** ou une **scission** à établir et déposer au greffe une **déclaration spéciale de conformité**. Cette obligation, faute d'être abrogée, continue donc à s'imposer. Cela signifie aussi que les dirigeants sociaux n'ayant pas souscrit de déclaration de conformité ou qui auraient sciemment affirmé des faits matériellement faux s'exposent aux **sanctions pénales** prévues par l'article 480 de la loi des sociétés.

13 – bonne réponse : ❒ b

En vertu des articles 46 alinéa 1er et 48 alinéa 3, de la loi du 25 janvier 1985, seul le **représentant des créanciers** dont les attributions sont ensuite dévolues au **liquidateur**, a **qualité** pour agir au nom et dans l'intérêt collectif des créanciers. Il en résulte qu'un associé ou un créancier de la « faillite » n'est pas recevable à demander réparation du *préjudice collectif* des créanciers résultant de l'aggravation du passif du fait du soutien du banquier dispensateur de crédit accordé au débiteur.

14 – bonne réponse : ❒ a

Les sociétés par actions trouvent là un moyen d'augmenter leurs fonds propres sans que pour autant leurs dirigeants partagent le pouvoir (bon outil préventif contre les OPA).

15 – bonne réponse : ❒ c

La masse jouit de la personnalité morale (L. 24 juill. 1966, art. 293, al. 1er) et elle est représentée par un ou plusieurs mandataires, trois au plus (art. 294) ; les obligataires tiennent leurs propres assemblées.

16 – bonnes réponses : ❒ a ❒ b ❒ c ❒ d

a. OCA : emportant augmentation du capital social ; les obligataires (actionnaires en puissance) qui utilisent l'option convertissent leurs titres de créance en des titres de propriété des droits attachés aux actions (L. 24 juill. 1966, art. 195 à 199) ; **b.** OEA : la société émet en même temps des actions réservées à un tiers souscripteur – celui-ci s'engage à procéder à l'échange chaque fois qu'un obligataire use de la faculté qui lui est ouverte (L. 24 juill. 1966, art. 200 à 208) ; **c.** OBSA : ici les titulaires ne sont pas *contraints* d'opter entre la qualité d'actionnaire et celle d'obligataire – ils peuvent par exemple céder les bons de souscription et conserver les obligations (L. 24 juill. 1966, art. 194-1) ; **d.** ORA : ne donne au souscripteur aucun choix : leur remboursement s'imposant en actions (article 339-3 de la loi du 24 juillet 1966).

17 – bonnes réponses : ❒ a ❒ c

a. et **c.** : une ou plusieurs sociétés absorbées transmettent à une société absorbante l'ensemble de leur patrimoine, ce qui se traduit pour cette dernière par une augmentation de son capital par apports en nature et par une dissolution *sans liquidation* de la société absorbée, dont les associés deviennent par l'émission de nouvelles actions, associés de l'absorbante. **b.** : deux ou plusieurs sociétés fusionnent et par là forment une société nouvelle (article 371, L. 24 juillet 1966, réd. L. 5 janv. 1988).

18 – bonnes réponses : ❒ a ❒ b

La scission est la transmission du patrimoine d'une société à plusieurs sociétés existantes ou à plusieurs sociétés nouvelles (L. 24 juill. 1966, art. 371, al. 2, réd. L. 17 janv. 1988). **a.** ***sociétés***

nouvelles : créées pour la cause et qui vont rémunérer les apports par l'émission de parts et les associés de la société scindée qui disparaît deviennent ainsi associés des sociétés nouvelles. **b. *sociétés existantes*** : d'où une augmentation de capital de ces dernières.

19 – bonne réponse : ❒ a

Article 372-1 de la loi du 24 juillet 1966, conforme au droit commun : la société absorbante est l'ayant cause à titre universel des absorbées.

20 – bonne réponse : ❒ c

Si une au moins des sociétés fusionnantes fait publiquement appel à l'épargne, un avis est également publié au BALO. L'opposition n'arrête pas les opérations de fusion (L. 24 juill. 1966, art. 381, al. 4). Le tribunal peut, soit rejeter l'opposition, soit ordonner le remboursement des créances ou la constitution de garanties si la société absorbante ou nouvelle en offre et si ces garanties sont jugées suffisantes.

21 – bonne réponse : ❒ a

« *Lorsqu'une société possède plus de la moitié du capital d'une autre société, la seconde est considérée... comme filiale de la première* » (article 354 de la loi du 24 juillet 1966). En deçà de ce seuil, il y a « participation ». Une succursale n'a aucune autonomie juridique, aucun patrimoine propre, ce n'est qu'un établissement de la même société.

22 – bonnes réponses : ❒ a ❒ b ❒ c ❒ d

L'étendue de l'obligation de la société mère envers le créancier de la filiale bénéficiaire d'une lettre d'intention dépend du **contenu** de cette dernière et de l'**interprétation** qui en est faite par les **tribunaux**. Quatre situations sont envisageables : 1 – La lettre d'intention est libellée de telle manière qu'elle ne comporte **aucun engagement** juridique véritable. 2 – Le contenu de la lettre est tel, qu'il permet de qualifier l'engagement de **caution.** 3 – La société mère est tenue à une **obligation de résultat** lorsqu'il résulte de l'écrit qu'elle « *promet* », « *donne l'assurance* »... pour que sa filiale exécute ses engagements. 4 – **(hypothèse la plus fréquente en pratique)** Lorsque la société mère s'est engagée à mettre en œuvre *tous les* **moyens** pour que les obligations de sa filiale à l'égard du créancier soient tenues, et qu'elle n'a pas satisfait à ces moyens, elle est condamnée à indemniser le créancier, le cas échéant de l'intégralité de la créance. Cette obligation de moyens résulte de termes tels : « *La société mère veillera à...* » ; « *elle s'efforcera de...* » .

23 – bonne réponse : ❒ a

Participations réciproques prohibées par L. 24 juill. 1966, art. 358, al. 1er.

24 – bonne réponse : ❒ b

Participations réciproques prohibées par L. 24 juill. 1966, art. 359, al. 1er. *Remarque* : si une fraction égale ou inférieure à 10 % du capital de la SARL appartient à une SA, la première ne peut détenir une fraction supérieure à 10 % des actions émises par la seconde (al. 3).

25 – bonne réponse : ❒ a

Pour l'article 355-2 de la loi de 1966, les 30 % détenus dans O par M et N sont considérés comme détenus ***indirectement*** par L, soit au total un contrôle de 60 %.

26 – bonne réponse : ❒ d

Loi n° 94-1 du 3 janvier 1994 ; pas de décret d'application. Le texte est placé aux articles 262-1 à 262-20 de la loi du 24 juillet 1966, nouvelle section XI dans le chapitre IV du titre I consacré *aux sociétés par actions*. Genèse : fin 1989, le CNPF met en place un groupe de travail, présidé par M. Field, directeur juridique de Saint-Gobain, qui élabore un projet de société *où tous les actionnaires seraient des personnes morales s'organisant librement*. Ce document a servi de modèle à la Chancellerie, puis au gouvernement, dont le projet de loi a été adopté par l'Assemblée nationale et le Sénat en 1993.

A la **mi-juin 1999**, un amendement relatif à la SAS a été adopté par les députés dans le cadre de la loi Allègre sur l'***Innovation***. Si ce texte devient loi, la libéralisation du droit des sociétés va connaître un bond en avant de première importance, au risque d'ailleurs de bouleverser les équilibres établis quant aux formes sociales habituellement choisies par les utilisateurs (actuellement les SAS ne sont que quelques centaines pour environ 616 000 SARL et 175 000 SA ! … ce reformatage ira-t-il jusqu'à la « suppression » de la SARL, pour laisser aux SA l'appel public à l'épargne ?).

27 – bonnes réponses : ❒ b ❒ c

a. La SAS **ne peut faire appel public à l'épargne** (article 262-3 de la loi de 1966). En cas d'infraction ses dirigeants encourent une amende maximale de 120 000 F (L. 24 juill. 1966, art. 464-3). Une telle faculté contredirait le fait que la SAS soit un **instrument de coopération entre entreprises** et qu'elle est teintée d'un fort ***intuitu personae.*** Le projet de loi Allègre (mi-juin 1999) maintient pour la SAS l'interdiction de l'appel public à l'épargne. Par contre, il rend possible l'émission d'actions préférentielles permettant notamment aux entrepreneurs d'ouvrir le capital de leur SAS tout en conservant la majorité des droits de vote. Ainsi, la SAS devient l'instrument idéal de développement des jeunes entreprises. **b.** Dont les versements sont constatés par un certificat du dépositaire (L. 24 juill. 1966, art. 85) ; **c.** Evalués par un commissaire aux apports (L. 24 juill. 1966, art. 86). **d.** Pas d'apports en industrie en SAS.

28 – bonne réponse : ❒ a

Selon l'article 262-1, alinéa 1er, de la loi du 24 juillet 1966, **deux** ou plusieurs sociétés ayant chacune un capital entièrement libéré au moins égal à 1 500 000 F (cf. sociétés faisant publiquement appel à l'épargne) ou à la contre-valeur en francs français de ce montant, peuvent constituer entre elles une société par actions simplifiée. Rien dans la loi ne vient limiter le nombre d'actionnaires que peut avoir une SAS. **e.** Le projet de loi Allègre (mi-juin 1999) permet la création d'une SAS par un seul associé ; c'est la volonté d'étendre la SAS aux filiales à 100 %, concurrençant ainsi l'EURL.

29 – bonnes réponses : ❒ a ❒ b ❒ c

b. S'il a une activité industrielle ou commerciale et n'est pas soumis aux règles de la comptabilité publique : cas de France Télécom, La Poste, EDF, GDF, la RATP, la SNCF ; **c**. S'il n'est pas constitué sous forme de société (loi du 8 août 1994 complétant l'article 262-1 de la loi du 24 juillet 1966) : ex., les caisses d'épargne. **d. e. f.** Sont exclus, outre les personnes physiques, tous les groupements qui ne revêtent pas la forme de **société** : associations, GIE, syndicats, fondations... Nota : le projet de loi Allègre (mi-juin) ouvre le capital social de la SAS aux personnes physiques.

30 – bonnes réponses : ❒ a ❒ b ❒ c ❒ d

Insistons bien : toute société, quelles que soient sa nature et sa forme, peut participer à la SAS : société civile, commerciale – y compris EURL – ou coopérative, société cotée ou non, société relevant du secteur privé ou du secteur public, une société étrangère, etc. Chaque société doit cependant avoir un capital social entièrement libéré au moins égal à 1 500 000 F ou à la contre-valeur en francs français de ce montant. Nota : le projet de loi Allègre (mi-juin 1999) ouvre le capital social de la SAS, non seulement aux personnes physiques mais aussi aux personnes morales dont le capital social est inférieur à 1,5 million de francs. Ce point capital de la réforme est unanimement salué. C'est ouvrir la SAS aux PME. Le principal frein au développement de la SAS résulte en effet de la sélection rigoureuse de ses associés, ce que le projet veut supprimer. La SAS ne sera donc pas réservée aux seuls grands groupes.

31 – bonne réponse : ❒ b

C'est le minimum exigé pour les SA ne faisant pas publiquement appel à l'épargne. Ce capital social de la SAS doit être **libéré en totalité dès sa souscription** et ce, contrairement au droit commun des SA (libération de la moitié immédiatement et le reste sur 5 ans) – article 262-2 de la loi de 1966.

32 – bonne réponse : ❒ a

Article 262-17 de la loi du 24 juillet 1966 : « *Dans les conditions qu'ils déterminent, les statuts peuvent prévoir qu'un associé peut être tenu de céder ses actions. Ils peuvent également prévoir la suspension des droits non pécuniaires de cet associé tant que celui-ci n'a pas procédé à cette cession* ».

On pense notamment à un grave différend ou à un passage de tel actionnaire sous le contrôle d'une société hostile, voire concurrente… *Complément* : Changement de contrôle affectant un actionnaire (art. 262-18 de la loi du 24 juillet 1966) : « *Les statuts peuvent prévoir que la société associée dont le contrôle est modifié au sens de l'article 355-1 doit, dès cette modification, en informer la société par actions simplifiée. Celle-ci peut décider, dans les conditions fixées par les statuts, de suspendre l'exercice des droits de vote de cet actionnaire et de l'exclure.*
Les dispositions de l'alinéa précédent peuvent s'appliquer, dans les mêmes conditions, à l'actionnaire qui a acquis cette qualité à la suite d'une opération de fusion, de scission ou de dissolution ».

33 – bonne réponse : ❒ b

Souplesse : « *les statuts fixent les conditions dans lesquelles la société est dirigée* » (article 262-6). Le seul organe directorial **obligatoire** dans une SAS est le **président *unique*.**
Complément : suivant le principe de liberté statutaire, la révocation peut, comme la nomination, être décidée par la collectivité des associés statuant à la majorité prévue dans les statuts, par l'un ou certains d'entre eux, par un organe de la société désigné par les statuts : conseil d'administration ou de surveillance, directoire ou comité ad hoc, voire par un tiers. Les règles fixant la responsabilité des membres du conseil d'administration et du directoire des sociétés anonymes sont applicables au président et aux dirigeants de la SAS (article 262-9 de la loi du 24 juillet 1966). *Complément* : c'est cette souplesse « offrant une grande liberté statutaire » qui devrait faire que si le projet Allègre devient loi, de nombreuses entreprises devraient se transformer en SAS. En effet, ce type de société permet de simplifier les règles de fonctionnement, de les adapter aux besoins particuliers, de s'affranchir de maintes contraintes imposées aux structures juridiques classiques. Revers de la médaille : il faut veiller soigneusement à définir de façon précise et adaptée les règles d'organisation. Par ailleurs , la SAS ne permet pas d'échapper aux grands principes du droit des sociétés et aux contrôles (commissaires aux comptes, comité d'entreprise …).

34 – bonnes réponses : ❒ a ❒ b ❒ d ❒ f

Article 262-20 de la loi du 24 juillet 1966 : **a.** articles 262-14 ; **b.** art. 262-15 ; **d.** art. 262-17 ; **f.** 262-18. **c.** et **e** : liberté laissée aux statut de déterminer les modalités de la prise de décision. *Complément* : en vertu de la liberté qui anime les SAS, les statuts peuvent limiter le nombre de voix détenues par un même actionnaire, instituer un vote par tête en décidant que chaque actionnaire n'aura droit qu'à une seule voix ou encore instaurer un droit de vote plural au profit d'un actionnaire ou d'une catégorie d'actionnaires.

35 – bonne réponse : ❒ b

Les règles fiscales applicables aux **SA**, notamment en matière d'impôt sur les sociétés, d'imposition forfaitaire annuelle, d'imposition des revenus mobiliers distribués, de droits d'enregistrement, de rémunération des dirigeants, sont transposables à la SAS.

CHAPITRE 9

Le groupement d'intérêt économique – GIE et le groupement européen d'intérêt économique – GEIE

On ne creuse pas avec le manche de la bêche,
Mais le manche aide à creuser.

Proverbe Bantou (Ouganda)

1 – *Le* groupement d'intérêt économique *date de :*

*

❒ a. 1966
❒ b. 1967
❒ c. 1978
❒ d. 1994

2 – *Peuvent constituer entre elles un GIE, les personnes exerçant des activités :*

*

❒ a. commerciales
❒ b. industrielles
❒ c. agricoles
❒ d. artisanales
❒ e. de professions libérales

3 – *Sur la base de la définition précédente* (article 1er de l'ordonnance du 23 septembre 1967 modifié par la loi du 13 juin 1989)***, le GIE peut notamment être utilisé pour :***

**

❒ a. la création de services communs (informatique, comptabilité, transports...)

❒ b. des groupements de défense de porteurs de valeurs mobilières

❒ c. des actions commerciales communes (comptoir de vente, bureau d'exportation, achats groupés...)

❒ d. des travaux d'études (mise en commun des moyens humains et matériels de recherche…)

❒ e. des groupements culturels ou philanthropiques

4 – *Un GIE peut réaliser des bénéfices :*

**

❒ a. vrai ❒ b. faux

5 – *Les GIE, immatriculés au RCS, sont de nature :*

*

❒ a. civile

❒ b. commerciale

❒ c. civile ou commerciale

6 – *Une SNC, une SARL et une SA se sont groupées au sein d'un GIE pour la gestion à prix coûtant d'un ensemble immobilier qui abrite les sièges sociaux de ces trois sociétés. Le GIE en cause est de nature :*

***

❒ a. civile ❒ b. commerciale

7 – *Le GIE qui accomplit des actes de commerce dans les locaux loués à cet effet peut prétendre au bénéfice du décret du 30 septembre 1953 sur les baux commerciaux :*

***

❒ a. vrai ❒ b. faux

8 – *Le GIE doit comprendre au minimum :*

*

❒ a. un membre (GIE unipersonnel)

❒ b. deux membres

❒ c. trois membres

❒ d. sept membres

9 – *Un GIE doit avoir un capital social minimum de :*

**

- ❒ a. 50 000 F
- ❒ b. 250 000 F
- ❒ c. 1 500 000 F
- ❒ d. il peut ne pas avoir de capital social

10 – *Un GIE composé de deux sociétés anonymes et de trois SARL peut faire appel public à l'épargne pour placer une émission d'obligations et/ou émettre des billets de trésorerie :*

**

- ❒ a. vrai
- ❒ b. faux
- ❒ c. cela dépend

11 – *Les actes et documents émanant du GIE et destinés aux tiers* (lettres, factures, annonces…) *doivent indiquer lisiblement la dénomination du groupement suivie des mots : « groupement d'intérêt économique » ou du sigle « GIE ». Toute infraction est punie d'une amende au maximum de :*

**

- ❒ a. 5 000 F
- ❒ b. 15 000 F
- ❒ c. 40 000 F

12 – *Selon une terminologie* très fine, *on dit que les GIE ont pour dirigeants un ou plusieurs :*

**

- ❒ a. présidents
- ❒ b. membres du conseil d'administration
- ❒ c. administrateurs
- ❒ d. membres du directoire
- ❒ e. gérants

13 – *Sauf clause contraire du « contrat »* (des statuts)*, **les membres*** (associés) ***du GIE** prennent leur décision :*
**
- ❐ a. à la majorité relative ; une part sociale = une voix
- ❐ b. à la majorité absolue ; une part sociale = une voix
- ❐ c. à la majorité des membres représentant les trois quart des parts sociales
- ❐ d. à l'unanimité ; vote par tête

14 – *Selon l'article 10, alinéa 1er, de l'ordonnance du 23 septembre 1967, le contrat constitutif du GIE est, en principe, libre d'organiser à sa guise le contrôle des comptes* (conditions et mode de nomination des contrôleurs, mission, durée des fonctions…)*. **Toutefois, l'alinéa 3 du texte écarte cette liberté dans deux cas :***
***
- ❐ a. le GIE revêt un caractère commercial
- ❐ b. le GIE émet des obligations
- ❐ c. le GIE compte au moins cent salariés à la clôture d'un exercice
- ❐ d. le GIE se compose exclusivement de SA

15 – *Peut–on engager une action en* comblement du passif social *à l'égard d'un* membre *de GIE* civil *en redressement judiciaire qui par ses fautes de gestion a contribué à aggraver le passif social ?*
***
- ❐ a. oui
- ❐ b. non

16 – *La législation régissant le groupement européen d'intérêt économique – GEIE – date de :*
**
- ❐ a. 1966
- ❐ b. 1967
- ❐ c. 1985
- ❐ d. 1994

17 – *Un GIE européen peut avoir comme seuls membres des ressortissants d'un même Etat de la CEE :*
*
- ❐ a. vrai
- ❐ b. faux

18 – *Une personne morale peut être nommée gérant d'un GEIE :*
*
- ❐ a. vrai
- ❐ b. faux

19 – ***Les membres du GEIE répondent des dettes de toute nature de celui–ci :***
******

- ❒ a. proportionnellement à leur participation dans le GEIE
- ❒ b. indéfiniment et solidairement
- ❒ c. à hauteur de leur apport (comme dans une SARL)

20 – *Relativement au GEIE* (indiquez la ou les bonnes réponses) *:*
******

- ❒ a. les droits des membres du groupement ne peuvent être représentés par des titres négociables
- ❒ b. l'appel public à l'épargne est possible
- ❒ c. l'ouverture d'une procédure collective à l'encontre d'un groupement entraîne automatiquement l'ouverture d'une telle procédure à l'encontre de ses membres
- ❒ d. son siège mentionné dans le « contrat » doit être situé dans l'Union européenne ou un Etat tiers limitrophe
- ❒ e. la gestion revient à un conseil d'administration et à un « PDG »
- ❒ f. chaque codirigeant engage, en principe, le GEIE à l'égard des tiers lorsqu'il agit au nom du groupement, même si ses actes dépassent l'objet social

Grille de dépouillement

N° QUESTIONS	BONNES RÉPONSES	NOMBRE DE RÉPONSES CORRECTES	N° QUESTIONS	BONNES RÉPONSES	NOMBRE DE RÉPONSES CORRECTES
1	b		11	b	
2	a–b–c–d–e		12	c	
3	a – c – d		13	d	
4	a		14	b – c	
5	c		15	b	
6	a		16	c	
7	a		17	b	
8	b		18	a	
9	d		19	b	
10	b		20	a – f	

TOTAL [ ] + TOTAL [ ] + = [ ]

Score sur 20

$$\frac{\square \times 20}{28} = \quad /20$$

Réponses

1 – bonne réponse : ❒ b

L'ordonnance n° 67–821 du 23 septembre 1967 – partiellement modifiée par la loi du 13 juin 1989 – a eu en vue de donner aux entreprises le moyen juridique – intermédiaire entre la société et l'association – de se regrouper au sein d'une structure dotée de la personnalité morale mais ne poursuivant pas elle–même un objectif de bénéfices.

2 – bonnes réponses : ❒ a ❒ b ❒ c ❒ d ❒ e

Deux ou plusieurs personnes physiques ou morales peuvent constituer entre elles un GIE pour une durée déterminée. **Le but** du groupement est de **faciliter ou de développer l'activité économique** de ses membres, d'améliorer ou d'accroître les résultats de cette activité ; il n'est pas de réaliser des bénéfices pour lui–même. Son activité doit **se rattacher à l'activité économique** de ses membres et ne peut avoir qu'un caractère auxiliaire par rapport à celle–ci (article 1er de l'ordonnance du 23 septembre 1967 modifié par la loi du 13 juin 1989). **e.** si toutefois pour ces *professions libérales* la forme du GIE demeure compatible (notaires, administrateurs–judiciaires, avocats… par exemple) avec les règles déontologiques.

3 – bonnes réponses : ❒ a ❒ c ❒ d

a. c. et **d.** chacun des membres doit conserver une totale indépendance dans la conduite de ses affaires ; le GIE ne doit pas se substituer à ses membres pour exercer leur activité économique. **b.** et **e.** faute de pouvoir satisfaire à l'exigence d'une **activité économique**.

4 – bonne réponse : ❒ a

Aux termes de l'article 1er , alinéa 2, de l'ordonnance de 1967, modifié par la **loi de 1989**, « le but du groupement n'est pas de réaliser des bénéfices **pour lui–même** ». Ce qui montre bien que le GIE peut réaliser des bénéfices, seulement le profit en revient directement à ses membres.

5 – bonne réponse : ❒ c

L'immatriculation du GIE au RCS n'emporte pas présomption de commercialité et ce n'est pas un groupement commercial par la forme. Il est civil ou commercial selon la nature de son activité réellement exercée.

6 – bonne réponse : ❒ a

La nature du GIE est indépendante de celle de ses membres. Il est donc civil dès lors qu'il ne poursuit pas la réalisation de bénéfices.

7 – bonne réponse : ❒ a

Au prétexte que le GIE ne pouvait faire valoir à son profit « l'existence autonome d'une exploitation commerciale » (et donc une clientèle qui lui soit propre), la jurisprudence a d'abord refusé de lui reconnaître le bénéfice des baux commerciaux (Cass. 3e civ., 18 févr. 1975). La **loi** du 13 juin **1989** a brisé cette jurisprudence : le groupement d'intérêt économique dont l'objet est commercial peut faire de manière habituelle et à titre principal tous actes de commerce pour son propre compte ; il peut être titulaire d'un bail commercial.

8 – bonne réponse : ❒ b

Au plan terminologie, on dit « membres » et non « associés ». Les membres peuvent être des personnes physiques et/ou morales. La seule obligation légale (article 1er de l'ordonnance du 23 septembre 1967), est que chacun ait une activité économique qui trouve **son prolongement** dans celle du GIE.

9 – bonne réponse : ❒ d

Selon l'article 2 de l'ordonnance du 23 septembre 1967, le GIE peut être constitué sans capital, ce qui ne l'empêche pas d'avoir un patrimoine propre. Les membres participeront aux dépenses de fonctionnement par le versement de cotisations périodiques. Le « contrat » constitutif (on ne dit pas « statut » pour un GIE) pouvant également prévoir un droit d'entrée pour les nouveaux membres.

10 – bonne réponse : ❒ b

Un GIE peut faire appel public à l'épargne pour placer une émission d'obligations à condition d'être composé de **sociétés par actions** ayant un capital supérieur à **1 500 000 F** (Ord. 23 sept. 1967, art. 5). S'il est composé **exclusivement** de **sociétés par actions,** il peut émettre des billets de trésorerie (L. 26 juill. 1991, art. 19–III, JO 27 juill.).

11 – bonne réponse : ❒ b

a. L'absence des références de l'immatriculation au RCS, sur ces mêmes documents, est une contravention de la 4e classe, punie d'une amende de 5 000 F au plus (D. 30 mai 1984, art. 72). **c.** L'emploi illicite de l'appellation « groupement d'intérêt économique » et du sigle « GIE » ou de toute expression de nature à prêter à confusion avec ceux–ci est puni d'un emprisonnement d'un an au plus et d'une amende maximale de 40 000 F (article 17 de l'ordonnance du 23 septembre 1967).

12 – bonne réponse : ❒ c

Le GIE est administré par une ou plusieurs personnes. Une personne morale peut être nommée **administrateur** du groupement sous réserve qu'elle désigne un représentant permanent, qui encourt les mêmes responsabilités civile et pénale que s'il était **administrateur** en son nom propre. Le ou les **administrateurs** du groupement sont responsables, individuellement ou solidairement selon le cas, envers le groupement ou envers les tiers, des infractions aux dispositions législatives et réglementaires applicables aux groupements, de la violation des statuts du groupement, ainsi que de leurs fautes de gestion. Si plusieurs **administrateurs** ont coopéré aux mêmes faits, le tribunal détermine la part contributive de chacun dans la réparation du dommage. Sous cette réserve, le contrat de groupement ou, à défaut, l'assemblée des membres organise librement l'administration du groupement et nomme les **administrateurs** dont il détermine les attributions, les pouvoirs et les conditions de révocation. Dans les rapports avec les tiers, un **administrateur** engage le groupement par tout acte entrant dans l'objet de celui–ci. Toute limitation des pouvoirs est inopposable aux tiers (article 9 de l'ordonnance du 23 septembre 1967 mouture L. 13 juin 1989).

13 – bonne réponse : ❒ d

Le contrat peut prévoir que toutes les décisions ou certaines d'entre elles seront prises aux conditions de quorum et de majorité qu'il fixe ; dans le silence, les décisions sont prises à **l'unanimité**. Le contrat peut aussi attribuer à chaque membre un nombre de voix différent de celui attribué aux autres ; à défaut, chaque membre dispose d'une voix (article 8 de l'ordonnance du 23 septembre 1967).

14 – bonnes réponses : ❒ b ❒ c

Dans ces cas – et ce même si le GIE a un objet civil – le contrôle est exercé obligatoirement par un ou plusieurs **commissaires aux comptes** inscrits et nommés par l'assemblée pour une durée de six exercices.

15 – bonne réponse : ❒ b

D'une part, aux termes de l'article 4 de l'ordonnance du 23 septembre 1967, les **membres** (c'est–à–dire les *associés*) d'un GIE sont tenus **indéfiniment et solidairement** des dettes sociales, alors même que le GIE serait de nature **civile** (ex. un GIE entre professions libérales pour gérer un système informatique). D'autre part, il résulte de l'art. 178 de la loi du 25 janvier 1985 que le jugement qui ouvre le redressement judiciaire de la **personne morale** produit ses effets à l'égard de toutes les personnes membres ou associées de la personne morale et **indéfiniment et solidairement responsable du passif social**. Dans une telle situation, le tribunal ouvre à l'égard de **chacun des membres** une procédure de redressement judiciaire. C'est là un mécanisme d'ordre public. Dès lors, **il n'y a pas lieu** de « lancer » à l'égard d'un membre de GIE une action en comblement de passif social, telle que prévue à l'art. 180 de la loi de 1985. Une telle action est **sans objet**. C'est une procédure de *redressement judiciaire* qui doit être appliquée à l'égard de son patrimoine et ce, dès le prononcé du redressement judiciaire du GIE.

16 – bonne réponse : ❒ c

Le statut juridique du GEIE ressort du **Règlement communautaire** n° 2137/85du 25 juillet **1985** qui s'est inspiré du GIE français. La loi française du 13 juin 1989 a introduit dans notre droit les dispositions de ce règlement, avec quelques précisions, et elle se complète d'un arrêté du 20 juin 1989. Le but du GEIE est de faciliter ou de développer l'activité économique de ses membres, d'améliorer ou d'accroître les résultats de cette activité ; il n'est pas de réaliser des bénéfices pour lui–même. Son activité doit se rattacher à l'activité économique de ses membres et ne peut avoir qu'un caractère auxiliaire par rapport à celle–ci.

17 – bonne réponse : ❒ b

Un GEIE doit être composé au moins : 1 – de deux sociétés ou autres entités juridiques ayant leur administration centrale dans des Etats membres différents ; ou 2 – de deux personnes physiques exerçant leur activité à titre principal dans des Etats membres différents ; ou 3 – d'une société ou d'une autre entité juridique et d'une personne physique, dont la première a son administration centrale dans un Etat membre et la seconde exerce son activité principale dans un Etat membre différent (Règl. CEE 25 juill. 1985, art. 4–2).

18 – bonne réponse : ❒ a

Possibilité ouverte par l'article 6 de la loi française du 13 juin 1989. *Complément* : 1 – La personne morale nommée gérant doit elle–même désigner un représentant permanent personne physique ; 2 – Ce représentant encourt les mêmes responsabilités civile et pénale que s'il était lui–même gérant en son nom propre sans préjudice de la responsabilité solidaire de la personne morale qu'il représente.

19 – bonne réponse : ❒ b

Les créanciers du groupement ne peuvent poursuivre le paiement des dettes contre un membre qu'après avoir mis en demeure le groupement de payer et si le paiement n'a pas été effectué dans un délai suffisant (Règl. CEE 25 juill. 1985, art. 24). A la suite du retrait d'un membre, les actions relatives aux dettes qui découlent de l'activité du groupement antérieure à ce départ, se prescrivent par 5 ans à compter de sa publication. Ce délai de 5 ans s'applique aussi aux actions intentées après la clôture de la liquidation (Règl. CEE 25 juill. 1985, art. 37).

20 – bonnes réponses : ❐ a ❐ f

a. Loi française du 13 juin 1989, art. 3. **b.** Article 23 du Régl. CEE du 25 juillet 1985 et article 10 de la loi du 13 juin 1989. **c.** Non : Règl. CEE 25 juill. 1985, art. 36. **d.** Le siège mentionné dans le contrat de groupement ne peut être situé que dans la CEE (Règl. 1985, art. 12). **e.** Les organes du groupement sont les membres agissant collégialement et le ou les **gérants** (nommés dans le contrat de groupement ou par une décision des membres). **f.** À moins que le groupement ne prouve que les tiers avaient connaissance de ce dépassement ou ne pouvaient l'ignorer compte tenu des circonstances, étant exclu que la seule publication du contrat de groupement suffise à constituer cette preuve.

Chapitre 10

Les sociétés civiles et les sociétés d'exercice libéral – SEL

Ne nous associons qu'avec nos égaux.

La Fontaine, *Le pot de terre et le pot de fer*

1 – *Sont « civiles »* toutes les sociétés *auxquelles la loi n'attribue pas un autre caractère en raison :*

*

❒ a. de leur forme

❒ b. de leur nature

❒ c. de leur objet

2 – *Parmi les sociétés ci-dessous, lesquelles ont un caractère civil ?*

*

❒ a. EURL

❒ b. EARL

❒ c. sociétés immobilières

❒ d. sociétés en commandite simple

3 – *Les sociétés civiles sont, en règle générale, régies aujourd'hui par un texte fondamental datant de :*

*

❒ a. 1966

❒ b. 1978

❒ c. 1984

❒ d. 1994

4 – *L'ouverture d'un redressement judiciaire à l'égard d'un* associé de société civile (à *titre personnel) entraîne de plein droit et par ricochet la dissolution de la société civile dont il est membre :*

**

❒ a. vrai

❒ b. faux

5 – *La société civile française (siège social : Nice) d'attribution d'immeubles en jouissance à temps partagé – BatiVite – commercialise des immeubles situés aux Iles Canaries et Baléares. Cette société est soumise à la législation :*

**

❒ a. française

❒ b. espagnole

❒ c. française et espagnole

6 – *De nombreuses règles sont communes à la gérance de la SARL et de la société civile de droit commun. Parmi celles ci-dessous, laquelle est spécifique à la société civile :*

**

❒ a. si la société se trouve dépourvue de gérant depuis plus d'un an, tout intéressé peut demander en justice la dissolution de la société

❒ b. sauf disposition contraire des statuts, le gérant est révocable par une décision des associés représentant plus de la moitié des parts sociales

❒ c. si la révocation du gérant est décidée sans juste motif, elle peut donner lieu à des dommages intérêts

❒ d. le gérant est également révocable par le tribunal pour cause légitime à la demande de tout associé

7 – *Dans les rapports avec les* tiers, *la règle de principe est que le gérant de la société civile de droit commun :*

**

❒ a. engage la société par les actes entrant dans l'objet social, alors même qu'il n'aurait pas accompli l'acte dans l'intérêt de la société

❒ b. engage la société par les actes entrant dans l'objet social, mais seulement s'il a accompli l'acte dans l'intérêt de la société

❒ c. engage la société même en cas de dépassement d'objet social

8 – *Un associé peut se retirer partiellement ou totalement d'une société civile de droit commun, dans les conditions prévues par les statuts ou, à défaut, après autorisation donnée par une décision unanime des autres associés. Ce retrait peut également être autorisé par une décision de justice pour « justes motifs ». Cette dernière notion s'apprécie en fonction :*

***

❒ a. de l'intérêt de la société elle-même

❒ b. de l'intérêt personnel de l'associé sortant

9 – *Une société civile de droit commun à un capital de 1 000 000 F réparti entre trois associés : 500 000 F pour le premier, 300 000 F pour le second et 200 000 F pour le troisième. Si le passif s'élève à 1 200 000 F, il sera supporté par chacun des associés dans les proportions suivantes :*

***

❒ a. le créancier peut demander à chacun 1 200 000 F

❒ b. chacun ne doit que 400 000 F

❒ c. chaque associé n'est tenu qu'à proportion du nombre de parts sociales qu'il détient

❒ d. le créancier ne peut rien demander personnellement aux associés (*idem* SARL)

10 – *Les sociétés civiles professionnelles – SCP – des professions libérales relèvent d'une loi spécifique qui est la loi du :*

**

❒ a. 24 juillet 1966

❒ b. 29 novembre 1966

❒ c. 11 juillet 1972

❒ d. 4 janvier 1978

11 – *Trois médecins exercent leur activité dans le cadre d'une société civile professionnelle. Suite à l'achat de matériel, celle-ci est débitrice. Relativement à l'obligation à la dette (droit des créanciers sociaux à l'égard des associés), chacun est tenu :*

***

❒ a. par part virile

❒ b. à proportion du nombre de parts sociales qu'il détient

❒ c. solidairement et indéfiniment de toute la dette sociale

❒ b. à hauteur de son apport seulement (comme dans une SARL)

12 – *Dans une « exploitation agricole à responsabilité limitée » (EARL), chaque associé est tenu à la dette sociale :*

**

- ❐ a. par part virile
- ❐ b. à proportion du nombre de parts sociales qu'il détient
- ❐ c. solidairement et indéfiniment de toute la dette sociale
- ❐ d. à hauteur de son apport seulement (comme dans une SARL)

13 – *Une société civile immobilière qui s'est portée* caution solidaire *peut-elle se prévaloir de la* suspension des poursuites *du fait du redressement judiciaire du débiteur principal ?*

**

- ❐ a. oui
- ❐ b. non

14 – *Les sociétés d'exercice libéral sont une création de la loi de :*

*

- ❐ a. 1966
- ❐ b. 1985
- ❐ c. 1990
- ❐ d. 1994

15 – *Parmi les professions libérales ci-dessous, laquelle ne peut pas s'exercer sous forme de SEL :*

***

- ❐ a. avocat
- ❐ b. notaire
- ❐ c. huissier de justice
- ❐ d. agent général d'assurance
- ❐ e. administrateur judiciaire
- ❐ f. mandataire liquidateur

16 – *Des commissaires aux comptes peuvent créer une SEL prenant la forme de :*

**

- ❐ a. SNC
- ❐ b. SARL
- ❐ c. SA
- ❐ d. SCA

17 – *Jean Duport, Louis Firmant et André Duchin ont créé une SELARL. Après quelques années, Jean Duport part à la retraite. A compter de ce retrait, le nom de ce dernier ne peut plus figurer dans la dénomination sociale :*

***

❒ a. vrai ❒ b. faux

18 – *Les sociétés d'exercice commercial, SELARL, SELAFA, SELCA, sont :*

**

❒ a. commerciales par leur forme
❒ b. à objet civil
❒ c. soumises à la compétence de principe des tribunaux de commerce
❒ d. susceptibles de faire l'objet d'un redressement ou d'une liquidation judiciaire

19 – *Le client d'un médecin associé d'une SEL est* a priori *mieux protégé pour obtenir réparation en cas de faute professionnelle du praticien que dans l'hypothèse où ce dernier exercerait son activité à titre individuel ?*

**

❒ a. vrai ❒ b. faux

20 – *Trois avocats sont membres d'une SELARL. La société n'a pas payé une dette en rapport avec l'achat d'une photocopieuse. Pour cette dette, chaque associé est débiteur :*

*

❒ a. indéfiniment et solidairement sur son patrimoine personnel
❒ b. dans la limite de son apport
❒ c. indéfiniment – mais non solidairement – sur son patrimoine personnel, comme dans une société civile de droit commun

21 – *Peut-on convenir* statutairement *que seules les personnes physiques ou morales exerçant la ou les professions constituant l'objet social d'une société d'exercice libéral peuvent en détenir le capital, à l'exclusion de toutes autres personnes ?*

*

❒ a. oui ❒ b. non

22 – *Pour créer une SELAFA, il faut des actionnaires au nombre minimum de :*

**

❒ a. 2 ❒ c. 5
❒ b. 3 ❒ d. 7

23 – *Une société de profession libérale d'avocats sous forme de société anonyme (SA) est débitrice ? Le tribunal ayant compétence pour statuer sur le recouvrement de la créance est :*

**

❒ a. le tribunal de commerce
❒ b. le tribunal civil
❒ c. la juridiction consulaire ou civile, au choix du demandeur

24 – *Les associés d'une Société d'exercice libéral peuvent-ils mettre des fonds à la disposition de la société par le biais d'un compte courant ?*

***

❒ a. oui ❒ b. non

25 – *La fraction non libérée du capital d'une société d'exercice libéral en redressement judiciaire, dette de l'associé, peut-elle se compenser avec la créance constituée par le solde positif de son compte courant ?*

**

❒ a. oui
❒ b. non

26 – *Dans une SELCA, le ou les associés commandités :*

***

❒ a. ont la qualité de commerçants et répondent indéfiniment et solidairement des dettes sociales
❒ b. ont la qualité de commerçants mais ne répondent pas indéfiniment et solidairement des dettes sociales
❒ c. n'ont pas la qualité de commerçant et répondent indéfiniment et solidairement des dettes sociales
❒ d. n'ont pas la qualité de commerçant et ne répondent pas indéfiniment et solidairement des dettes sociales

Grille de dépouillement

N° QUESTIONS	BONNES RÉPONSES	NOMBRE DE RÉPONSES CORRECTES	N° QUESTIONS	BONNES RÉPONSES	NOMBRE DE RÉPONSES CORRECTES
1	a – b – c		14	c	
2	b – c		15	d	
3	b		16	b – c – d	
4	b		17	b	
5	c		18	a – b – d	
6	a		19	a	
7	a		20	b	
8	a – b		21	a	
9	c		22	b	
10	b		23	b	
11	c		24	a	
12	d		25	b	
13	b		26	c	
	TOTAL			TOTAL	

\+ \+

Score sur 20

$$\frac{\square \times 20}{34} = \quad /20$$

Réponses

1 – bonnes réponses : ❐ a ❐ b ❐ c

Il faut donc procéder par **soustraction**. N'entrent pas dans la catégorie **résiduelle** de société civile : les sociétés commerciales par la *forme* (SNC, SARL...), par leur *objet* (GIE et GEIE et sociétés en participation se livrant au commerce) ou par leur *nature* (société civile se livrant à des actes de commerce à titre principal).

2 – bonnes réponses : ❐ b ❐ c

L'article 1845 du code civil précise qu'ont le caractère civil toutes les sociétés auxquelles la loi n'attribue pas un autre caractère à raison de leur forme, de leur nature ou de leur objet. En droit, **le principe est donc la société civile** : sociétés pour l'exercice en commun des professions libérales, sociétés agricoles, sociétés immobilières, etc. Par exception (nombreuses en pratique), sont commerciales les sociétés qui par leur objet accomplissent des actes de commerce et celles à raison de leur forme et ce quel que soit leur objet, même civil (sociétés en nom collectif, sociétés en commandite simple, sociétés à responsabilité limitée et sociétés par actions L. 24 juill. 1966, art. 1er).

3 – bonne réponse : ❐ b

Les dispositions du **Code civil** – Livre III, titre IX : « *De la société civile* » – modifié par la **loi** fondamentale du 4 janvier **1978** – sont applicables à **toutes** les sociétés civiles à moins qu'il n'y soit dérogé par le *statut légal particulier* auquel certaines *sociétés civiles particulières* sont assujetties (ex., les sociétés civiles immobilières, agricoles, de professions libérales...).

4 – bonne réponse : ❐ b

Le simple prononcé d'un **jugement d'ouverture de redressement judiciaire** à l'égard d'un associé de société civile a pour effet que cet associé perd, « *à compter du jour de l'ouverture de la procédure* » (Paris 26 mars 1992) la qualité d'associé et il est procédé dans les conditions de l'art. 1843-4 C. civ. au remboursement de ses droits sociaux. Toutefois, en présence d'une telle situation, les **statuts** ou les **autres associés unanimes** peuvent décider la **dissolution** anticipée de la société civile. On remarquera la *différence* avec la situation prévue pour la SNC (art. 22, L. 24 juillet 1966, version 1985) où seul le jugement de liquidation judiciaire ou de plan de cession totale peuvent avoir une incidence sur la société.

5 – bonne réponse : ❒ c

Une telle société ayant son siège social en France est soumise à la **législation française** des sociétés (loi générale du 24 juillet 1966 et loi spéciale du 6 janvier 1986, modifiée, relative aux sociétés d'attribution d'immeubles en jouissance à temps partagé) pour ce qui concerne **3 points** : les conditions de sa constitution, son fonctionnement et sa dissolution. Mais pour la **réalisation de son objet social** (commercialisation d'immeubles situés à l'étranger), c'est la *loi de la situation des biens* qui s'applique. Il en serait encore de même si pour développer son activité la société niçoise ouvrait à l'étranger une succursale ou tout autre établissement.

6 – bonne réponse : ❒ a

La société civile est gérée – comme la SARL – par **une ou plusieurs** personnes **physiques associées** ou **non**, nommées soit **dans les statuts**, soit par **un acte distinct**, soit par une **décision des associés**. **a.** Règle originale de **dissolution** de la société civile : c'est une sanction. *Complément* : si pour quelque cause que ce soit, la société civile se trouve **dépourvue de gérant**, tout associé peut demander au président du tribunal statuant sur requête, la **désignation d'un mandataire** chargé de réunir les associés en vue de nommer un ou plusieurs gérants.

7 – bonne réponse : ❒ a

C'est là une règle qui s'inspire de la SNC, de même que les deux suivantes : 1 – dans les **rapports avec les associés**, le gérant peut accomplir *tous les actes de gestion que demande l'intérêt de la société* ; 2 – s'il y **a plusieurs gérants**, sauf clause contraire, ils exercent séparément ces pouvoirs, sauf le droit qui appartient à chacun de s'opposer à une opération avant qu'elle ne soit conclue.

8 – bonnes réponses : ❒ a ❒ b

Selon une conception **objective**, la notion de justes motifs s'apprécie en fonction de l'*intérêt de la société elle-même* : mésentente grave entre associés, abus de majorité, etc. Selon une conception **subjective**, **l'associé** peut se retirer lorsqu'il *a des besoins personnels de liquidités et ne parvient pas à négocier ses parts*. La *jurisprudence* (Cour d'appel de Paris, 12 janvier 1983) a également consacré la conception *subjective*. Important : ce **droit de retrait est** étranger aux sociétés commerciales. L'associé sortant **reste tenu du passif antérieur à sa retraite** et qui lui incombe.

9 – bonne réponse : ❒ c

Avant 1978, la responsabilité des associés vis-à-vis des tiers se déterminait par « **parts viriles** » : la contribution de chacun était égale au montant du passif divisé par le **nombre d'associés**, quelle que fût sa part dans le capital. **Depuis 1978**, chacun n'est tenu qu'à proportion du **nombre de parts sociales** qu'il détient, étant entendu que – sauf clause contraire – l'associé qui n'a apporté que son industrie est tenu comme celui dont la participation dans le capital social est la plus faible. C'est dire que les créanciers doivent fractionner leurs recours ; ce qui pour eux est source d'inconvénient. D'où, dans le cas d'espèce : le passif s'élevant à 1 200 000 F, il sera supporté par chacun des associés dans les proportions suivantes : 600 000 F pour le premier, 360 000 F pour le second et 240 000 F pour le troisième. Ainsi, l'obligation à la dette se trouve en harmonie avec la contribution à la même dette prévue (dans les rapports entre associés) par l'article supplétif 1844-1 du Code civil. Mais l'obligation au passif fait l'objet de très nombreux régimes particuliers. C'est pourquoi, à l'étude du schéma général de la société civile de droit commun, fait suite l'étude des sociétés civiles particulières.

10 – bonne réponse : ❐ b

Parmi toutes les lois formant notre droit des sociétés, les unes ont une aptitude générale à régir la totalité des sociétés ou, tout au moins, un ensemble de sociétés : les lois du 24 juillet 1966 et du 4 janvier 1978 ; les autres ont, au contraire, une portée limitée, qui les cantonne à un type déterminé : ex., **loi n° 66-879 du 29 novembre 1966** sur les *sociétés civiles professionnelles*, loi du 11 juillet 1972 sur les sociétés coopératives de commerçants détaillants ou celle du 3 janvier 1979 sur les sociétés d'investissement à capital variable.

11 – bonne réponse : ❐ c

La SCP jouit de la personnalité morale à compter de l'agrément (titularisation ou inscription relevant de l'autorité compétente : garde des sceaux, ordre ...) indépendamment de toute immatriculation au RCS. Bien qu'obligatoire, cette dernière formalité est sans incidence sur la date de naissance de la personne morale. C'est là une dérogation importante au régime de droit commun faisant dépendre la personnalité juridique des groupements de leur immatriculation au RCS. Société de personnes très *intuitu personae*, la SCP soumet ses associés à une responsabilité **solidaire et indéfinie** des dettes sociales, comme dans la **SNC**.

12 – bonne réponse : ❐ d

La loi du **11 juillet 1985** enrichit la panoplie d'une nouvelle forme de **société civile à responsabilité limitée**. Il s'agit de donner aux **agriculteurs** la possibilité de **limiter les risques** de l'exploitation en préservant leurs biens personnels. Cette formule est la plus intéressante comparée aux autres sociétés civiles qui ignorent une telle limitation de responsabilité (à l'exception des sociétés d'attribution d'immeubles en jouissance à temps partagé). Dans une EARL, le (associé unique) ou les (maximum 10) associés ne supportent les pertes qu'à concurrence de leurs apports.

13 – bonne réponse : ❐ b

La mise en redressement judiciaire suspend durant la période d'observation les poursuites du créancier à l'encontre du débiteur principal (art. 47 de la loi du 25 janvier 1985). Mais, en vertu du principe de la **solidarité**, la caution qui est une **personne morale** ne peut invoquer en sa faveur cette suspension des poursuites pour repousser l'exécution de son engagement (l'échéance de la dette principale étant supposée arrivée). La solution découle de l'art. 2021 du C. civ., mais aussi de l'art. 60 de la loi du 25 janvier 1985 d'où il résulte que *le créancier... conserve, sur ce qui lui reste dû, ses droits contre le coobligé ou la caution*. Dès lors, la suspension des poursuites est une exception purement **personnelle au débiteur garanti** dont la caution ne peut se prévaloir (art. 2036 C. civ.). Nota : depuis la loi du 10 juin 1994, la réponse est inverse si la caution est une ***personne physique.***

14 – bonne réponse : ❒ c

La loi n° 90-1258 du **31 décembre 1990** permet l'exercice, sous forme de sociétés, des professions libérales soumises à un statut législatif ou réglementaire ou dont le titre est protégé. L'apport essentiel est d'ouvrir à toutes ces professions les formes SARL, SA et de la société en participation.

15 – bonne réponse : ❒ d

L'impossibilité touchant les agents généraux d'assurances tient au *particularisme de leur statut* comme le précise la Réponse ministérielle n° 22727 – JO Sénat Q. 5 nov. 1992, p. 2482.

16 – bonnes réponses : ❒ b ❒ c ❒ d

La loi du 31 décembre 1990 permet aux professionnels libéraux les formes commerciales de la SARL, de la SA et de la SCA mais non celle de SNC. Les formes de sociétés autorisées relèvent en principe de la **loi du 24 juillet 1966**, sauf **dérogations**.

17 – bonne réponse : ❒ b

La dénomination de la SEL doit être, immédiatement, précédée ou suivie de la mention « *société d'exercice libéral à responsabilité limitée* » ou des initiales « SELARL », ou « *société d'exercice libéral à forme anonyme* » ou « SELAFA », ou « *société d'exercice libéral en commandite par actions* » ou « SELCA » et du montant du capital social. Il est possible d'introduire dans la dénomination sociale le nom d'un ou plusieurs associés **exerçant la profession** au sein de la société. Le nom d'un ou plusieurs **anciens associés** ayant exercé la profession dans la société peut être maintenu dans la dénomination avec la mention « **anciennement** », sauf lorsqu'il n'existe plus, au nombre des associés, une personne au moins qui ait exercé la profession, au sein de la société, avec l'ancien associé dont le nom est maintenu (art. 2, loi du 31 décembre 1990).

18 – bonnes réponses : ❒ a ❒ b ❒ d

a. D'où leur assujettissement à l'IS. **b.** D'où répercussion sur le droit de la preuve. **c.** Compétence de principe des tribunaux **civils** (V. code de commerce nouvel article 631-1). **d.** Comme toute personne morale de droit privé.

19 – bonne réponse : ❒ a

Dans une SEL, chaque associé répond sur l'ensemble de son patrimoine des actes professionnels qu'il accomplit (article 16, al. 1er) et la société est **solidairement responsable** avec lui (al. 2). La victime peut donc se faire indemniser sur le patrimoine social et sur celui de l'associé qui a accompli l'acte.

20 – bonne réponse : ❒ b

a. Situation qui serait celle dans une *société civile professionnelle* – SCP. **b.** Comme un associé de SARL ou un actionnaire. Ce n'est que pour les dettes correspondant aux actes qu'il a accompli du fait de sa profession que l'associé est tenu sur son propre patrimoine. En l'espèce (achat d'une photocopieuse), il s'agit d'un acte de gestion de la société.

21 – bonne réponse : ❒ a

Les articles 5 et 6 de la **loi** n° 90-1258 du **31 décembre 1990** fixent les limites et conditions dans lesquelles le capital des *sociétés d'exercice libéral* peut être ouvert à des personnes n'exerçant pas la profession au sein de la société. Ces dispositions ne doivent être interprétées comme **imposant** aux associés d'ouvrir leur capital, alors que cette ouverture n'est **qu'une possibilité** qui leur est donnée. Il en résulte que les statuts peuvent valablement stipuler que le capital social ne pourra être détenu **que** par des personnes exerçant la profession constituant l'objet social.

22 – bonne réponse : ❒ b

Loi du 31 déc. 1990, art. 4, dérogeant à la loi de 1966.

23 – bonne réponse : ❒ b

Sous réserve de la compétence des juridictions disciplinaires, les **tribunaux civils** sont seuls compétents pour connaître des actions en justice dans lesquelles l'une des parties est une société constituée conformément à la **loi du 31 décembre 1990** relative à l'exercice sous forme de sociétés des professions libérales soumises à un statut législatif ou réglementaire, ou dont le titre est protégé ; ce qui est le cas en l'espèce, s'agissant de la mise en cause d'une société d'avocats.

24 – bonne réponse : ❒ a

Oui, mais un décret du 23 juillet 1992 fixe les plafonds des comptes courants dans les SEL. Objectif : éviter que l'*indépendance* des *associés exerçant* dans ces sociétés ne soit menacée par l'existence de sommes élevées apportées en comptes courants par les associés « **extérieurs** », ou par la faculté de brusque retrait de ces avances. Soit : **1 – les associés exerçant la profession** de la SEL (ou ses ayants droit devenus associés) ne peuvent mettre à la disposition de la société sous forme de compte courant qu'une somme **inférieure ou égale à 2 fois** le montant de leur participation dans le capital. Cette somme ne peut être retirée qu'après un préavis de 6 mois suivant la notification à la société de ce retrait par lettre recommandée ; **2 – les autres associés** ne peuvent mettre en compte courant qu'une **somme égale au montant de leur participation dans le capital**. Cette avance ne peut être retirée qu'après un préavis d'un an suivant la notification à la société de ce retrait par LR.

25 – bonne réponse : ❒ b

Les deux créances étant issues de deux conventions distinctes, il n'y a pas **connexité** entre elles.

26 – bonne réponse : ❒ c

Le ou les commandités sont des personnes physiques exerçant régulièrement leur profession au sein de la société ; ils n'ont pas, du fait de leur qualité de commandités, la qualité de commerçants (*contra* loi de 1966). Ils répondent cependant indéfiniment et solidairement des dettes sociales (art. 13 de la loi du 31 décembre 1990). Tous les repères traditionnels sont brouillés !

CHAPITRE 11

Les sociétés sans personnalité morale

L'un des deux associés mord toujours le rouge de la pomme.

Proverbe Hindoustani

1 – *Parmi les groupements ci-dessous, lesquels n'ont pas la personnalité morale ?*

**

❒ a. la société en participation

❒ b. la société créée de fait

❒ c. la société de fait

❒ d. l'indivision

❒ e. une SARL en cours de constitution

2 – *Une banque peut-elle ouvrir un compte à une* société en formation ?

***

❒ a. oui

❒ b. non

3 – *Lors de la constitution d'une SARL, peut-on faire des apports libérés par compensation de créances de l'associé sur la future société ?*

**

❒ a. oui ❒ b. non

4 – *Un des fondateurs d'une SARL a souscrit un prêt auprès d'une banque pour financer les dépenses de la société en formation. Une fois la SARL immatriculé au RCS, le banquier peut demander le remboursement du prêt à la société :*

*

❐ a. oui

❐ b. non

❐ c. cela dépend

5 – *En règle de principe, la société en tant que* contrat *existe :*

**

❐ a. dès la signature des statuts

❐ b. seulement au moment de l'immatriculation au RCS

6 – *Au cours de la période de constitution de la société, un associé fondateur peut prétendre s'immatriculer à la Sécurité sociale en qualité de gérant de la SARL :*

*

❐ a. non, avant la signature des statuts

❐ b. oui, après la signature des statuts et avant même l'immatriculation de la société au RCS

❐ c. oui, mais seulement après l'immatriculation de la SARL au RCS

7 – *Jacques et Louis décident de créer une SARL sous la condition de l'obtention d'un marché. Cette modalité inscrite dans les statuts est une condition :*

*

❐ a. suspensive

❐ b. résolutoire

8 – *La première réglementation de la société en « participation » , dont le trait distinctif est qu'en principe elle ne se révèle pas aux tiers, date de :*

*

❐ a. 1807/1808

❐ b. 1921

❐ c. 1966

❐ d. 1978

9 – *La société en participation est une société de nature :*

*

❐ a. civile

❐ b. commerciale

❐ c. civile ou commerciale, selon le cas

10 – *La création d'une société en participation est possible entre :*
*
- ❒ a. personnes physiques
- ❒ b. personnes morales
- ❒ c. personnes physiques et morales (mixité)

11 – *Une* société en participation *ayant pour objet social le commerce de livres est victime d'un acte en concurrence déloyale de la part d'une association d'étudiants (BDE). La société est habile à introduire une action en justice devant :*
*
- ❒ a. le tribunal civil
- ❒ b. la juridiction consulaire
- ❒ c. elle ne peut pas agir en justice contre l'association d'étudiants

12 – *Des notaires ont le droit d'exercer leurs activités sous la forme de société en participation :*
**
- ❒ a. vrai
- ❒ b. faux

13 – *Une société en participation occulte est constituée pour faire le commerce des pierres précieuses. Légalement :*
***
- ❒ a. le gérant doit avoir au moins la capacité civile
- ❒ b. le gérant doit posséder la capacité commerciale
- ❒ c. chaque participant non-gérant doit avoir au moins la capacité civile
- ❒ d. chaque participant non-gérant doit avoir la capacité commerciale

14 – *Sauf renouvellement par décision des associés, une société en participation se constitue pour une durée maximum de :*
**
- ❒ a. 10 ans
- ❒ b. 30 ans
- ❒ c. 99 ans
- ❒ d. aucune durée maximum n'est imposée : la durée peut donc être illimitée

15 – *Les apports des participants peuvent se faire en :*

*

- ❒ a. nature
- ❒ b. numéraire
- ❒ c. industrie

16 – *Dans une société en participation, le principe est que chaque associé contracte en son nom personnel et est seul engagé à l'égard des tiers. Par exception, il peut y avoir engagement envers les tiers :*

**

- ❒ a. lorsque les participants agissent en qualité d'associés au vu et au su des tiers
- ❒ b. lorsqu'un associé a, par son immixtion, laissé croire au cocontractant qu'il entendait s'engager à son égard
- ❒ c. lorsqu'il est prouvé que l'engagement a tourné au profit d'un participant qui pourtant n'a pas agi

17 – *La société créée de fait est régie par une loi de :*

*

- ❒ a. 1966
- ❒ b. 1978
- ❒ c. 1985
- ❒ d. 1994

18 – *« Société créée de fait » et « société de fait » sont des expressions synonymes :*

**

- ❒ a. vrai
- ❒ b. faux

19 – *L'existence d'une société créée de fait suppose :*

*

- ❒ a. des apports
- ❒ b. la participation de chacun aux résultats de l'exploitation
- ❒ c. l'*affectio societatis*

20 – *Pour qu'il y ait société créée de fait, chacun des prétendus associés doit avoir effectué au moins un apport :*

*

- ❒ a. en nature
- ❒ b. en numéraire
- ❒ c. en industrie

21 – ***La société créée de fait peut résulter d'un simple projet de société resté lettre morte :***

**

❒ a. vrai

❒ b. faux

22 – ***Dans une société créée de fait, la répartition des bénéfices et des pertes entre associés suit la règle :***

*

❒ a. répartition entre associés selon les modalités convenues entre eux

❒ b. répartition proportionnelle aux apports

❒ c. répartition par parts égales (par tête)

23 – ***La personnalité morale n'étant pas reconnue à une société créée de fait, ses bénéfices :***

***

❒ a. ne sont pas imposables et la cession de parts sociales ne donne pas lieu au droit d'enregistrement

❒ b. ne sont pas imposables mais la cession de parts sociales donne lieu au droit d'enregistrement

❒ c. sont imposables mais la cession de parts sociales ne donne pas lieu au droit d'enregistrement

❒ d. sont imposables et la cession de parts sociales donne lieu au droit d'enregistrement

24 – ***Dans le cadre d'une société créée de fait à objet commercial, un associé a contracté une dette. Pour le règlement de cette dernière :***

***

❒ a. l'associé contractant est seul engagé

❒ b. chacun des associés est tenu avec solidarité

❒ c. chacun des associés est tenu conjointement (sans solidarité)

Grille de dépouillement

N° QUESTIONS	BONNES RÉPONSES	NOMBRE DE RÉPONSES CORRECTES	N° QUESTIONS	BONNES RÉPONSES	NOMBRE DE RÉPONSES CORRECTES
1	a – b – d – e		13	b – c	
2	a		14	d	
3	b		15	a – b – c	
4	c		16	a – b – c	
5	a		17	b	
6	c		18	b	
7	a		19	a – b – c	
8	a		20	a – b – c	
9	c		21	b	
10	a – b – c		22	a – b – c	
11	c		23	d	
12	a		24	a – b	
	TOTAL			TOTAL	

\+ +

Score sur 20

$$\frac{\square \times 20}{41} = \quad /20$$

Réponses

1 – bonnes réponses : ❐ a ❐ b ❐ d ❐ e

Complément : l'indivision, à la différence de la société, n'est pas destinée à faire fructifier la chose indivise ; elle permet, avant tout, de conserver la consistance et la valeur des biens communs, en vue de les affecter à la jouissance d'un ou plusieurs « communistes » ou d'attendre un jour propice pour le partage.

2 – bonne réponse : ❐ a

Bien qu'une société en formation n'ait **pas la personnalité juridique**, faute d'immatriculation au RCS, il est admis qu'un établissement de crédit puisse ouvrir un compte à une telle société. La banque doit cependant respecter les obligations lui incombant lors de l'ouverture de tout compte. Notamment, elle doit s'assurer de la ***réalité de l'opération de constitution*** de la société et des **pouvoirs de la personne agissant** au nom de la future société. Concrètement, le banquier exigera la remise d'un projet de statuts daté, paraphé et signé des futurs associés ; l'indication du nom du mandataire ayant qualité pour engager la société en formation ; l'attestation de la libération des fonds déposés sur un compte ; la présentation de pièces permettant d'identifier l'adresse du futur siège social ; le dépôt de la justification de la demande d'immatriculation au RCS, etc. Faute de s'entourer de ces précautions, le banquier engagerait sa **responsabilité** et pourrait, par exemple, être condamné solidairement avec le tireur à payer les chèques impayés – la faute de la banque étant la **cause directe** du préjudice causé aux porteurs. La banque doit également veiller à ce que l'intitulé du compte ouvert informe clairement les tiers sur l'existence d'une société simplement en formation.

3 – bonne réponse : ❐ b

La libération des apports par compensation de créances ne peut être réalisée qu'au moment où la société **a la personnalité morale** et peut donc être titulaire autonome de droits et obligations. Elle est impossible lors de la **constitution** d'une SARL, dont les parts sociales doivent être souscrites et *libérées intégralement* lors de la signature des statuts (art. 38, al. 1er). Par contre, cet apport peut être utilisé pour les émissions de parts sociales nouvelles réalisées lors d'une *augmentation* du capital de la SARL. Concernant les **SA**, une jurisprudence a admis la validité d'une telle compensation, pour libérer en cours de vie sociale les versements complémentaires à réaliser sur des actions souscrites lors de la **constitution** de la société.

4 – bonne réponse : ❒ c

Selon l'article 5, alinéa 2, de la loi du 24 juillet 1966, les personnes ayant agi au nom d'une société en formation avant que celle-ci ait acquis la personnalité morale sont tenues solidairement et indéfiniment des actes ainsi accomplis, **à moins** que la société, après avoir été régulièrement constituée et immatriculée, ne reprenne les engagements souscrits. Ces engagements sont alors réputés, rétroactivement, avoir été souscrits dès l'origine par la société. **Toutefois**, dans les actes passés au nom de la société, il faut que le signataire indique qu'il agit pour le compte d'une société en formation avec mention des renseignements permettant d'identifier la société (dénomination, futur siège). A défaut d'une telle précision, la reprise des engagements souscrits demeure inopposable au cocontractant et la responsabilité du souscripteur de l'acte reste engagée.

5 – bonne réponse : ❒ a

Bien que non dotée de la personnalité morale, la société est constituée dès la signature des statuts (ordre interne) – avant son immatriculation au RCS (ordre externe). Les termes de l'article 1842, alinéa 2, du code civil sont, à cet égard, très évocateurs : « jusqu'à l'immatriculation, les rapports entre les associés sont régis par le contrat de société et par les principes généraux du droit applicables aux contrats et obligations ».

6 – bonne réponse : ❒ c

Avant son immatriculation, une SARL n'a pas d'existence juridique et aucun associé fondateur ne peut juridiquement se prévaloir de la qualité de gérant – représentant légal. Conséquence : l'immatriculation du gérant d'une SARL à la Sécurité sociale ne peut pas être antérieure à la date à laquelle la société a acquis la personnalité morale. En clair : les personnes désignées pour exercer les fonctions de dirigeants sociaux n'acquièrent cette qualité qu'avec l'immatriculation (Cass. com., 9 avr. 1991).

7 – bonne réponse : ❒ a

En cas de condition **suspensive**, la constitution de la société n'intervient qu'au moment de la réalisation de la condition : c'est donc seulement à cet instant que peuvent être accomplies les formalités d'enregistrement et de publicité, y compris l'immatriculation au RCS. Si la condition est **résolutoire**, la société est constituée et les formalités de publicité accomplies. En cas de réalisation de la condition, la société disparaît ensuite dans les rapports entre les associés (cf. C. civ., art. 1183) mais les actes conclus avec des tiers restent valables.

8 – bonne réponse : ❒ a

La société en participation est *la société que les associés ont convenu de ne point immatriculer. Elle n'est pas une personne morale et n'est pas soumise à publicité* (article 1871 du code civil, mouture la loi du 4 janvier 1978). Le **Code de commerce (1807/1808)** consacrait déjà ses articles (art. 42 à 45) à « l'association en participation », dont le caractère était d'être occulte et ne se révélait pas aux tiers ; caractère maintenu par une loi du 24 juin 1921 et la loi du 24 juillet 1966 (art. 419).

9 – bonne réponse : ❒ c

La société en participation n'est pas commerciale par la forme ; elle est civile ou commerciale selon **la nature de son objet** comme le dit l'art. 1871-1 du Code civil qui nous renvoie aux actes de commerce traditionnels (C. com., art. 632 et s.).

10 – bonnes réponses : ❒ a ❒ b ❒ c

Les participants, au nombre minimum de deux, personnes physiques et/ou personnes morales, sont soumis aux conditions de fond habituelles de tout contrat de société : capacité de s'engager, de réaliser des apports, volonté de se répartir les bénéfices ou de profiter de l'économie, prendre en charge les pertes d'exploitation et être animé de l'*affectio societatis*.

11 – bonne réponse : ❒ c

La société en participation n'est pas immatriculée au registre du commerce et des sociétés, d'où cette conséquence qu'elle n'a **pas la personnalité morale**, même si elle est connue des tiers. Faute d'être **sujet de droit**, la demande en justice présentée par ce groupement est donc **irrecevable**. Une procédure engagée par une telle partie dépourvue de la personnalité juridique est une **irrégularité de fond** qui ne peut être couverte.

12 – bonne réponse : ❒ a

Nonobstant toute disposition législative ou réglementaire déterminant limitativement les modes d'exercice en commun de la profession, il peut être constitué entre personnes physiques exerçant **une profession libérale** soumise à un **statut législatif** ou réglementaire ou dont **le titre est protégé** une société en participation (art. 22, alinéa 1er, de la loi du 31 décembre 1990). Cette possibilité est ouverte, outre aux notaires (L. 31 déc. 1990, art. 45), aux administrateurs judiciaires (art. 48), aux mandataires-liquidateurs (art. 52), etc.

13 – bonnes réponses : ❐ b ❐ c

Si la société en participation est **occulte** à objet commercial, le gérant et lui seul doit posséder la capacité requise pour exercer une activité commerciale. Un mineur, même émancipé, ou une personne frappée d'une interdiction ou d'une incompatibilité d'exercer le commerce ne pourrait donc pas être **gérant**. Relativement aux **participants non-gérant**, il suffit qu'ils aient la capacité civile de s'obliger. *Complément* : si la participation commerciale est **ostensible,** tous les participants doivent avoir la capacité commerciale puisqu'ils font dans les rapports externes des actes de commerce.

14 – bonne réponse : ❐ d

Liberté est laissée aux associés : la durée peut se limiter dans le temps ou encore à la réalisation d'une ou plusieurs opérations déterminées ; elle peut également être illimitée (cf. association loi 1901). C'est pourquoi, dans ce dernier cas et pour éviter un « enchaînement » perpétuel, l'article 1872-2 du Code civil permet que la dissolution de la société puisse résulter à tout moment d'une notification adressée par l'un d'eux à tous les associés, pourvu que cette notification soit de bonne foi et non faite à contretemps.

15 – bonnes réponses : ❐ a ❐ b ❐ c

Conformément au droit commun du droit des sociétés. Mais, puisque la participation n'est pas dotée de la personnalité morale à l'égard des tiers, chaque associé reste propriétaire des biens qu'il met à la disposition de la société (art. 1872, alinéa 1er , du C. civ.. ; cf. apport **en jouissance**). Evidemment, les participants peuvent convenir que la propriété de certains biens apportés sera transférée à l'un d'entre eux – en pratique, au gérant (alinéa 4). Les biens apportés à la société peuvent également faire l'objet d'une indivision (C. civ., art. 1872, al. 2 et 3) et à moins qu'il n'en soit autrement convenu, aucun associé ne peut demander le partage des biens indivis tant que la société n'est pas dissoute.

16 – bonnes réponses : ❐ a ❐ b ❐ c

a. La révélation de la société doit résulter d'actes personnels des participants, chacun devant être l'auteur de sa propre révélation (actes positifs) – celle-ci ne peut résulter de l'attitude du seul gérant.
c. Rapprocher du quasi-contrat de l'enrichissement sans cause.

17 – bonne réponse : ❐ b

La société créée de fait est aujourd'hui visée par la **loi** du 4 janvier **1978**, insérée dans le **Code civil** dont l'article 1873 ne donne aucune définition ; il ne fait que renvoyer cette société aux art. 1871 à 1872-2. La doctrine y voit une « *situation dans laquelle deux ou plusieurs personnes se sont* *comportées en fait comme des associés, sans avoir exprimé la volonté de former une société* » (Ripert et Roblot).

18 – bonne réponse : ❐ b

La société **créée de fait**, soumise au régime de la *société en participation* par l'article 1873 du Code civil issu de la loi de 1978, a vocation à une certaine durée. La société **de fait** est une société ayant la personnalité morale, mais annulée et donc destinée à être liquidée.

19 – bonnes réponses : ❐ a ❐ b ❐ c

Ce sont là les trois éléments constitutifs incontournables pour qu'il y ait *contrat de société* au sens de l'article 1832 du Code civil. Ils sont souvent constatés *a posteriori* par les tribunaux à l'encontre d'époux, de concubins et de groupements d'entreprises. La participation convenue aux résultats de l'exploitation doit porter sur les résultats positifs mais également sur les pertes éventuelles ; il n'est toutefois pas nécessaire qu'il y ait eu partage effectif.

20 – bonnes réponses : ❐ a ❐ b ❐ c

a. et **b.** évidemment, la société ne devient pas propriétaire de ces apports puisqu'elle n'a pas la personnalité morale, donc pas de patrimoine ; celle-ci n'en a que la jouissance ; l'associé demeure propriétaire des biens qu'il met à la disposition de la société.

21 – bonne réponse : ❐ b

Il faudrait au moins un commencement d'exécution : **des actes** (cf. Cass. com., 9 nov. 1987 ; 17 mai 1989) ; et les juges du fond sont souverains pour apprécier les éléments de preuve qui leur sont soumis, la Cour de cassation contrôlant l'opération juridique de qualification.

22 – bonnes réponses : ❐ a ❐ b ❐ c

Les bénéfices et les pertes se répartissent entre les associés selon les modalités convenues entre eux, sauf clauses léonines (C. civ., art. 1871, al. 2, renvoyant à art. 1844-1, al. 2). Si cette modalité n'apparaît pas, il y a lieu, par renvoi de l'article 1871-1 du Code civil, d'appliquer l'article 1844-1, alinéa 1er : répartition proportionnelle aux apports. Et si le montant des apports ne peut être détecté (ex., apports uniquement en industrie), il y a lieu de dire que les associés ont tacitement opté pour une répartition par parts égales.

23 – bonne réponse : ❒ d

La cession de parts d'une société créée de fait, imposée pour ses bénéfices comme une **société de personnes** (CGI, art. 8 – assimilation aux sociétés en nom collectif), donne lieu au droit d'enregistrement de **4,80 p. 100** (CGI, art. 426).

24 – bonnes réponses : ❒ a ❒ b

Il y a lieu d'appliquer l'article 1872-1 du Code civil (L. 1978) : **1 –** Chaque associé contracte en son nom personnel et est **seul engagé** à l'égard des tiers. **2 –** Toutefois, si les participants agissent en qualité d'associés **au vu et au su des tiers, chacun d'eux** est tenu à l'égard de ceux-ci des obligations nées des actes accomplis en cette qualité par l'un des autres, **avec solidarité**, si la société est **commerciale**, sans solidarité dans les autres cas. **3 –** Il en est de même de l'associé qui, par son **immixtion**, a laissé croire au cocontractant qu'il entendait s'engager à son égard, où dont il est prouvé que l'engagement a tourné à son profit.

CHAPITRE 12

Les associations

Le pape et le paysan unis en savent davantage que le pape seul.

Proverbe italien

1 – *L'association est positivement et expressément définie par :*
*
❐ a. la loi du 1er juillet 1901
❐ b. l'article 1832 du code civil de 1804
❐ c. la loi du 24 juillet 1966
❐ d. la loi du 4 janvier 1978

2 – *L'acte par lequel une ou plusieurs personnes physiques ou morales décident l'affectation irrévocable de biens, droits ou ressources à la réalisation d'une œuvre d'intérêt général et à but non lucratif, prend le nom de :*
*
❐ a. association
❐ b. fondation
❐ c. congrégation

3 – *En vue de la réalisation d'une œuvre d'intérêt général, une personne morale à but non lucratif, dénommée* fondation d'entreprise, *peut être créée par des :*

***

- ❒ a. sociétés civiles
- ❒ b. sociétés commerciales
- ❒ c. établissements publics à caractère industriel et commercial
- ❒ d. coopératives
- ❒ e. mutuelles

4 – *Les sociétés et associations obéissent à des régimes différents, notamment quant à :*

*

- ❒ a. leurs conditions de constitution
- ❒ b. leur capacité
- ❒ c. leur fiscalité
- ❒ d. leurs dissolution et liquidation
- ❒ e. le traitement de leur cessation des paiements
- ❒ f. la liberté d'établissement

5 – *Il y a lieu de ranger le principe de la* liberté d'association *au nombre des* principes fondamentaux reconnus par les lois de la République :

**

- ❒ a. vrai
- ❒ b. faux

6 – *L'association est l'expression de la liberté :*

*

- ❒ a. contractuelle
- ❒ b. commerciale
- ❒ c. publique

7 – *Pour être « parfait », le contrat d'association doit renfermer des* éléments constitutifs *au nombre de :*

***

- ❒ a. 2
- ❒ b. 3
- ❒ c. 4
- ❒ d. 5
- ❒ e. 6

8 – *L'autorisation administrative préalable à la constitution d'associations composées d'étrangers vivant en France est délivrée par :*
*
❒ a. le maire
❒ b. le préfet
❒ c. le ministre de l'intérieur
❒ d. il n'a pas d'autorisation préalable

9 – *Les militaires en activité de service* (militaires de carrière) *peuvent adhérer à des associations ayant un objet :*
***
❒ a. politique
❒ b. syndical
❒ c. culturel
❒ d. cultuel

10 – *Sauf à être requalifiée société, une association ne peut réaliser ni bénéfices ni économies :*
*
❒ a. vrai
❒ b. faux

11 – *Des associations pourraient vendre des produits ou des services de façon :*
***
❒ a. habituelle
❒ b. occasionnelle
❒ c. très occasionnelle
❒ d. jamais

12 – *Une association acquiert la personnalité juridique à compter de :*
**
❒ a. la signature des statuts
❒ b. la déclaration à la préfecture ou sous-préfecture
❒ c. la publication au Journal officiel

13 – *Les associations reconnues d'utilité publique ont une plus grande capacité juridique puisqu'elles peuvent :*

**

❒ a. faire tous les actes de la vie civile qui ne sont pas interdits par leurs statuts

❒ b. recevoir des libéralités entre vifs

❒ c. recevoir des libéralités testamentaires

❒ d. posséder des immeubles strictement nécessaires au but qu'elles se proposent

14 – *Une association non déclarée ou déclarée mais non publiée au Journal officiel est :*

*

❒ a. licite ❒ b. illicite

15 – *Une association non déclarée ou déclarée mais non publiée au Journal officiel peut :*

***

❒ a. encaisser valablement une subvention publique

❒ b. disposer d'un droit privatif sur sa dénomination sociale

❒ c. bénéficier de l'ouverture à son nom d'un compte chèque postal

❒ d. recevoir des libéralités entre vifs ou testamentaires

❒ e. contracter en son nom

16 – *Une association ordinaire (droit commun), déclarée, a nécessairement pour dirigeants un président, un secrétaire général et un trésorier :*

*

❒ a. vrai

❒ b. faux

17 – *Une association peut :*

**

❒ a. consentir à titre habituel des crédits interentreprises

❒ b. accorder des prêts à certains de ses sociétaires

❒ c. octroyer des garanties à titre gratuit, comme se porter garante

18 – *Lorsqu'une association participe à titre habituel au tirage de lettres de change :*

*

- ❒ a. elle conserve sa nature civile et relève de la compétence des tribunaux civils
- ❒ b. elle conserve sa nature civile mais relève de la compétence des juridictions consulaires pour le contentieux des traites
- ❒ c. elle devient commerçante et relève de la compétence des tribunaux de commerce

19 – *Lorsqu'une association se livre à une activité commerciale sans supporter les charges correspondantes, on dit qu'il y a ?*

*

- ❒ a. paracommercialisme
- ❒ b. concurrence déloyale

20 – *L'association dont l'activité est commerciale peut-elle prétendre au bénéfice des baux commerciaux :*

***

- ❒ a. oui
- ❒ b. non
- ❒ c. parfois

21 – *Les associations immatriculées au registre du commerce et des sociétés peuvent se grouper pour émettre des obligations. Ce groupement s'effectue dans le cadre :*

***

- ❒ a. d'une autre association constituée à cet effet
- ❒ b. d'un GIE
- ❒ c. d'une société en participation
- ❒ d. d'une SA

22 – *Une association ayant une activité économique a nécessairement :*

***

- ❒ a. une activité commerciale
- ❒ b. pour objet la poursuite d'un but lucratif
- ❒ c. elle peut avoir ni l'un, ni l'autre

23 – *L'Association des « Vieilles filles du XVIe arrondissement de Paris » dont l'objet social est de bienfaisance* (jeux de société, repas, excursions et conférences en commun) *connaît de graves difficultés financières. Sa présidente peut demander le bénéfice du règlement amiable :*

*

❒ a. oui

❒ b. non

24 – Suite de la question précédente *: les difficultés financières de l'Association des « Vieilles filles du XVIe arrondissement de Paris » n'ont pu être redressées et le groupement a fait l'objet d'une liquidation judiciaire. Il apparaît que la présidente a commis de graves fautes de gestion et des détournements d'actif social. La présidente peut être condamnée :*

***

❒ a. à l'action en comblement du passif social

❒ b. à l'extension de la procédure de redressement ou de liquidation judiciaire sur son patrimoine personnel

❒ c. à la faillite personnelle

❒ d. aux peines de la banqueroute

25 – *Un salarié a travaillé dans le cadre d'une association dite « groupement d'employeurs ». Ayant été mis à la disposition d'un des membres, il peut réclamer sa créance salariale :*

***

❒ a. au seul membre utilisateur

❒ b. au groupement d'employeurs et au seul membre utilisateur

❒ c. au groupement d'employeurs et à tous les membres du groupement tenus solidairement

Grille de dépouillement

N° QUESTIONS	BONNES RÉPONSES	NOMBRE DE RÉPONSES CORRECTES	N° QUESTIONS	BONNES RÉPONSES	NOMBRE DE RÉPONSES CORRECTES
1	a		14	a	
2	b		15	c	
3	a/b/c/d/e		16	b	
4	a/b/c/d/f		17	a – b – c	
5	a		18	b	
6	a – c		19	a – b	
7	c		20	c	
8	d		21	b	
9	c – d		22	c	
10	b		23	a	
11	a/b/c/d		24	a – b	
12	c		25	c	
13	a – b – c				

TOTAL [ ] TOTAL [ ]

\+ [ ] +

Score sur 20

$$\frac{\boxed{} \times 20}{44} = \quad /20$$

Réponses

1 – bonne réponse : ❒ a

Article 1er : « *la convention par laquelle deux ou plusieurs personnes mettent en commun d'une façon permanente leurs connaissances ou leur activité dans un but autre que de partager des bénéfices* ».

2 – bonne réponse : ❒ b

La fondation est souvent l'acte de volonté d'une seule personne. Ex., libéralité faite à une université pour la création d'un prix annuel au profit de l'étudiant ayant fait preuve de telles ou telles qualités. La fondation est régie par la **loi** du 23 juillet **1987**. *Complément* : une congrégation est un groupement spécifique qui se distingue de l'association, tant par son mode de création, de fonctionnement que de son but (collectivités religieuses).

3 – bonnes réponses : ❒ a ❒ b ❒ c ❒ d ❒ e

Les fondations d'entreprises peuvent se créer depuis la **loi** du 4 juillet **1990** (décret 30 septembre 1991), modifiant celle du 23 juillet 1987 sur le développement du mécénat pour une durée déterminée qui ne peut être inférieure à cinq ans. Le préfet du département du siège de la fondation est l'autorité administrative compétente pour délivrer l'autorisation et s'assurer de la régularité du fonctionnement.

4 – bonnes réponses : ❒ a ❒ b ❒ c ❒ d ❒ f

La prévention et le traitement de leurs difficultés financières – notamment redressement et liquidation judiciaires - rapprochent aujourd'hui les sociétés et associations (L. 1er mars 1984 ; L. 25 janv. 1985). Complément sur **f.** : l'article 58 du Traité de Rome refuse la liberté d'établissement aux associations et l'accorde aux sociétés, civiles, commerciales ou coopératives, relevant du droit privé ou du droit public.

5 –bonne réponse : ❒ a

Dans un arrêt du 11 juillet 1956 (*Association des Annamites de Paris et sieur Nguyen-Duc-Frang*), le Conseil d'Etat a déclaré que la liberté d'association figurait « au nombre des principes fondamentaux reconnus par les lois de la République et réaffirmés par le préambule de la Constitution ». La solution a été reprise par le Conseil constitutionnel dans sa décision du 16 juillet 1971.

6 – bonnes réponses : ❒ a ❒ c

a. Un **contrat** : article 1er de la loi du 1er juillet 1901 : « l'association est une convention… » et la loi laisse aux sociétaires le soin de fixer librement le contenu des statuts. **b.** Une association ne peut pas se prévaloir de la qualité de commerçant au titre de ses éventuelles activités commerciales, afin, par exemple, d'en tirer des prérogatives : ex., mise en location-gérance, immatriculation au RCS en vue d'avantages fiscaux… **c. Liberté publique** : article 2, « *les associations de personnes pourront se former librement sans autorisation ni déclaration préalable...* » ; ce qu'a rappelé avec insistance le Conseil constitutionnel dans un arrêt célèbre : « *Considérant qu'au nombre des principes fondamentaux reconnus par les lois de la République et solennellement réaffirmés par le préambule de la Constitution, il y a lieu de ranger le principe de la liberté d'association ; que ce principe est à la base des dispositions générales de la loi du 1er juillet 1901 relative au contrat d'association* » (16 juill. 1971).

7 – bonne réponse : ❒ c

Trois éléments constitutifs résultent de l'article 1er de la **loi** du 1er juillet 1901 : **1 –** des apports de connaissances ou d'activité ; **2 –** la permanence du groupement ; **3 –** un but autre que le partage des bénéfices. La **jurisprudence** exige un **4e** élément : l'égalité entre les membres ; ce qui n'interdit pas à certains sociétaires d'assumer des fonctions de direction et d'avoir par ce moyen un rôle prédominant et que des stipulations statutaires affectent le principe d'égalité, mais c'est sans pouvoir priver un sociétaire de tout droit.

8 – bonne réponse : ❒ d

La **loi** du 9 octobre **1981** a supprimé le régime de l'autorisation préalable du ministre de l'Intérieur. Les étrangers peuvent donc librement créer en France une association, seuls ou avec des français.

9 – bonnes réponses : ❒ c ❒ d

Le militaire en activité de service ne doit pas s'affilier à des groupements ou associations à caractère politique ou syndical (Décret du 28 juillet 1975, article 10-1) et *a fortiori* créer de telles associations. Les appelés du contingent peuvent, s'ils adhéraient avant leur incorporation à une association à caractère politique ou syndical, y demeurer tout en **suspendant** cette activité pendant leur service militaire.

10 – bonne réponse : ❒ b

La qualification d'association est liée au but désintéressé que poursuit le groupement. Mais cela ne fait pas obstacle à ce qu'il réalise des bénéfices et/ou des économies **accessoirement** à son objectif principal. L'association peut avoir tous objets licites sauf la ***distribution*** de bénéfices.

11 – bonnes réponses : ❒ a ❒ b ❒ c ❒ d

Selon l'article 37, alinéa 2 de l'ordonnance du 1er décembre 1986 relative à la liberté des prix et de la concurrence, « *aucune association ne peut, de façon habituelle, offrir des produits à la vente, les vendre ou fournir des services* ***si ces activités ne sont pas prévues par ses statuts*** ». Une association peut donc inclure dans son objet social, la vente de produits et/ou services. En l'absence d'une telle clause, un tel négoce est interdit et constitue une contravention de 5e classe (amende de 10 000 F au plus et 20 000 F en cas de récidive (D. 29 déc. 1986). Attention : lorsqu'une association accomplit **habituellement des actes de commerce**, elle acquiert la qualité de commerçant (C. com., art. 1).

12 – bonne réponse : ❒ c

L. 1er juill. 1901, art. 5 : la personnalité juridique n'est acquise que du jour où « *l'association est rendue publique* » (al. 1er) et elle « *n'est rendue publique que par une insertion au Journal officiel* » (al. 3).

13 – bonnes réponses : ❒ a ❒ b ❒ c

a. L. 1er juill. 1901, art. 11, al. 1). **b.** et **c.** L. 1er juill. 1901, art. 11, al. 2. **d.** Posséder et acquérir des immeubles **nécessaires** (et non pas ***strictement*** nécessaires : expression réductrice qui vise les associations **non** reconnues d'utilité publique) au but qu'elles se proposent (L. 1er juill. 1901, art. 11, 1er).

14 – bonne réponse : ❒ a

Principe résultant de l'article 2 de la loi du 1er juillet 1901 : « les associations de personnes pourront se former librement *sans autorisation ni déclaration préalable*... ». Et encore : Conseil d'Etat 16 oct. 1985 : « *les associations même non déclarées peuvent se prévaloir d'une existence légale* ».

15 – bonne réponse : ❒ c

a. Seuls ses membres peuvent agir collectivement afin de défendre les intérêts du groupement. **b.** Besançon, 27 mai 1936 et rejet du pourvoi par Cass. civ. 10 févr. 1942. **c.** Article 13 de la loi du 7 janvier 1918 qui sur ce point précis accorde une capacité juridique minimale. **d.** Ord. Président TGI Créteil, 26 nov. 1984. **e.** Cass. 1re civ., 14 mars 1984 : à propos d'un contrat de transport.

16 – bonne réponse : ❒ b

C'est une loi imaginaire que de le croire. Dans le silence de la loi de 1901 et en vertu du principe de liberté contractuelle, les sociétaires choisissent librement le nombre de leurs dirigeants et leur organisation. Il peut donc y avoir des gérants, des directeurs, membres du directoire avec un conseil de surveillance, etc.

17 – bonnes réponses : ❒ a ❒ b ❒ c

a. Article 12-1 de la loi bancaire du 24 janvier 1984. **b.** Mais ces prêts ne peuvent pas être consentis à des tiers. **c.** Article 3 de la loi du 24 janvier 1984

18 – bonne réponse : ❒ b

Les lettres de change (ou traites) sont des actes de commerce par la forme et en cas de litige tous les participants – même civils – relèvent de la compétence des juridictions commerciales (article 632, al. 8, du Code de commerce). Mais le tirage de nombreuses lettres de change n'est pas une profession et n'est donc pas susceptible d'attribuer à son auteur la qualité de commerçant.

19 – bonnes réponses : ❒ a ❒ b

Expressions quasi-synonymes. C'est à ce titre que l'ordonnance du 1er décembre 1986 relative à la liberté des prix et de la concurrence réglemente, dans son Titre IV sur la transparence et les pratiques restrictives, les **associations** qui se livrent au négoce ou à la prestation de services (art. 37, al. 2).

20 – bonne réponse : ❒ c

Le décret du 30 septembre 1953 ne s'applique qu'aux fonds appartenant à un commerçant **immatriculé au RCS** ou à un artisan inscrit au RM (D. 30 sept. 1953, art. 1), immatriculation à laquelle échappent en principe les associations. Mais, la loi du 11 juillet 1985 autorisant certaines associations à **émettre des obligations** impose, préalablement à l'émission de valeurs mobilières, leur immatriculation au RCS. Ces dernières peuvent alors prétendre au bénéfice du statut des baux commerciaux si elles réunissent par ailleurs toutes les autres conditions. De plus, les **associations** qui se livrent à l'**enseignement** à titre principal sont admises au bénéfice du statut des baux commerciaux sans immatriculation au RCS (articles 1 et 2 du décret du 30 septembre 1953).

21 – bonne réponse : ❒ b

Les GIE constitués par des associations en vue de l'émission d'obligations (Ord. 23 sept. 1967, art. 5, version L. 11 juill. 1986 et article 14 de la loi du 11 juillet 1985) sont tenus au paiement et au remboursement des rémunérations de ces obligations. Ces GIE disposent à l'égard des associations qui en sont membres et qui ont bénéficié d'une fraction du produit de l'émission des obligations, des mêmes droits que ceux conférés aux porteurs des titres. Ces GIE doivent établir des comptes annuels et nommer un commissaire aux comptes.

22 – bonne réponse : ❒ c

a. La notion d'activité économique est plus large que celle d'activité commerciale. Des activités bien que non commerciales sont cependant de nature économique : activités agricoles, immobilières, libérales ou artisanales. **b.** Toute activité économique ne poursuit pas un but lucratif : une activité qui concourt à la production, à la circulation, de produits sans prélèvement de bénéfices ; il peut même y avoir activité économique à pertes (ex., association pour aider les jeunes à s'insérer dans la vie professionnelle...). *Complément* : activité économique = toute activité de production, de transformation ou de distribution de biens meubles ou immeubles et toute prestation de services en matière industrielle, commerciale, artisanale et agricole.

23 – bonne réponse : ❒ a

L'article 37 de la loi du 1er mars 1984, modifié en **1994,** relative au règlement amiable accorde le bénéfice de la nomination d'un conciliateur par le président du tribunal (en l'espèce du TGI) à toute personne morale de droit privé. Il n'est **plus exigé** depuis 1994 qu'elle ait **une activité économique**.

24 – bonnes réponses : ❒ a ❒ b

a. et **b.** Sanctions applicables depuis la loi du 10 juin **1994**, aux dirigeants de toutes les associations **qu'elles aient ou non une activité économique**. **c.** et **d.** Sont justiciables du délit de banqueroute, les personnes physiques dirigeant en droit ou en fait l'association **ayant une activité économique**, ainsi que les personnes physiques représentants permanents des personnes morales dirigeants de l'association (L. 25 janv. 1985, art. 186 et 196).

25 – bonne réponse : ❒ c

Les employeurs peuvent se grouper en association dans le but exclusif de mettre à la disposition de ses membres des salariés liés à elle par un contrat de travail. Le groupement est l'employeur des salariés mis à disposition et l'utilisateur est responsable des conditions d'exécution du travail. Par une règle dérogatoire au droit commun des associations : « *les membres du groupement sont solidairement responsables de ses dettes à l'égard des salariés et des organismes créanciers de cotisations obligatoires* » (article L. 127-1 et s. du Code du travail – L. 25 juill. 1985).

CHAPITRE 13

Les sociétés de droit public, les sociétés d'économie mixte, les groupements d'intérêt public (GIP)

S'associer avec un puissant n'est jamais sûr.

Phèdre, *Fables*, I, v ; env. 25 av. J-C.

1 – *Parmi les personnes morales de droit public ci-dessous, lesquelles peuvent participer à la constitution d'une société ou acquérir des parts ou actions ?*

***

❒ a. l'Etat

❒ b. les établissements publics

❒ c. les départements

❒ d. les communes

2 – *Les dirigeants d'entreprises publiques tels les établissements publics à caractère industriel et commercial, les entreprises nationales, sociétés nationales, sociétés d'économie mixte… bénéficient d'une totale irresponsabilité financière en cas de faute de gestion :*

***

❒ a. vrai

❒ b. faux

3 – *Parmi les circonscriptions territoriales ci-dessous, lesquelles n'ont pas la personnalité morale, obstacle à leur participation à des sociétés de droit public ou d'économie mixte :*

*

❒ a. la région

❒ b. le département

❒ c. la commune

❒ d. le canton

❒ e. l'arrondissement

4 – *Sont dépourvus de la personnalité morale les :*
*
- ❒ a. services en régie directes administratives
- ❒ b. établissements publics administratifs
- ❒ c. établissements publics industriels et commerciaux

5 – *Sont des établissements publics administratifs :*
**
- ❒ a. l'Office national des forêts
- ❒ b. les chambres de commerce et d'industrie
- ❒ c. les chambres de métiers
- ❒ d. les chambres de l'agriculture
- ❒ e. EDF – GDF
- ❒ f. la SNCF

6 – *Les établissements publics industriels et commerciaux relèvent du droit :*
**
- ❒ a. privé
- ❒ b. public

7 – *D'une manière générale, si l'on regarde les secteurs économiques les plus divers, on peut dire à propos des* sociétés d'économie mixte *qu'elles ont plutôt tendance à :*
**
- ❒ a. se développer
- ❒ b. stagner
- ❒ c. diminuer

8 – *Les sociétés d'économie mixte* locales *peuvent revêtir la forme de :*
**
- ❒ a. société civile
- ❒ b. SARL
- ❒ c. SA
- ❒ d. GIE

9 – *Une collectivité locale peut* a priori *s'associer avec des partenaires privés pour créer une société d'économie mixte locale ayant, par exemple, pour objet social la production de fleurs, plants et dérivés et leur distribution :*
**
- ❒ a. vrai
- ❒ b. faux

10 – *Le capital social des sociétés d'économie mixte locales doit être au moins égal à :*
***
❒ a. 250 000 F
❒ b. 1 000 000 F
❒ c. 1 500 000 F

11 – *Dans les sociétés d'économie mixte locales, les communes, les départements, les régions et leurs groupements doivent – en règle de principe – détenir, séparément ou à plusieurs :*
***
❒ a. plus du quart du capital et des voix dans les organes délibérants
❒ b. plus du tiers du capital et des voix dans les organes délibérants
❒ c. plus de la moitié du capital et des voix dans les organes délibérants
❒ d. plus des trois quarts du capital et des voix dans les organes délibérants

12 – *En cas de cessation des paiements, la société d'économie mixte locale peut faire l'objet :*
**
❒ a. d'un redressement judiciaire
❒ b. d'une liquidation judiciaire
❒ c. échappe aux procédures collectives

13 – *Un groupement d'intérêt public – GIP – peut se constituer avec :*
***
❒ a. un établissement public
❒ b. une personne morale de droit public
❒ c. une société anonyme du secteur privé
❒ d. une personne physique

14 – *Un groupement d'intérêt public – GIP – sert :*
**
❒ a. à gérer un service public
❒ b à développer des activités de recherche
❒ c. à suppléer le secteur industriel ou commercial privé défaillant dans une zone géographique
❒ d. au développement technologique

15 – *Un groupement d'intérêt public – GIP :*
***

- ❐ a. donne lieu par lui-même à la réalisation et au partage de bénéfices
- ❐ b. peut être constitué sans capital social
- ❐ c. ne peut pas matérialiser les droits de ses membres par des titres négociables
- ❐ d. acquiert la personnalité morale avec son immatriculation au RCS

Grille de dépouillement

N° QUESTIONS	BONNES RÉPONSES	NOMBRE DE RÉPONSES CORRECTES	N° QUESTIONS	BONNES RÉPONSES	NOMBRE DE RÉPONSES CORRECTES
1	a – b – c – d		9	b	
2	b		10	a – b – c	
3	d – e		11	c	
4	a		12	a – b	
5	b – c – d		13	a – b – c	
6	a – b		14	b – d	
7	a		15	b – c	
8	c				
	TOTAL			TOTAL	

\+ \+

Score sur 20

$$\frac{\square \times 20}{29} = \quad /20$$

Réponses

1 – bonnes réponses : ❐ a ❐ b ❐ c ❐ d

L'Etat : mais une nationalisation ne peut se réaliser que par une loi et celle-ci est encore nécessaire lorsque l'Etat prend une participation majoritaire. Les **établissements publics** : mais ils doivent respecter les principes de la liberté du commerce et de l'industrie et de spécialité, qui leur interdit de participer à une activité étrangère à leur objet. **Les collectivités locales** (départements, communes), sauf autorisation donnée par décret, ne peuvent prendre des participations dans des sociétés commerciales autres que celles ayant pour objet l'exploitation de services publics locaux ou des activités d'intérêt général. Elles peuvent constituer des sociétés d'économie mixte locales.

2 – bonne réponse : ❐ b

La traditionnelle impunité a pris fin depuis la **loi** du 28 novembre **1995** : la personne qui, dans l'exercice de ses fonctions, a causé un préjudice grave à l'entreprise publique, par des agissements manifestement incompatibles avec les intérêts de celle-ci, par des carences graves dans les contrôles qui lui incombaient ou par des omissions ou négligences répétées dans son rôle de direction, est passible d'une **amende** d'un minimum de 1 000 F, et pouvant atteindre au plus le montant du traitement ou salaire brut annuel qui était alloué à cette personne à la date de commission des faits (Code des juridictions financières, article L. 313-7-1).

3 – bonnes réponses : ❐ d ❐ e

Les collectivités locales sont des personnes morales décentralisées qui gèrent par leurs propres organes, pour leur propre compte, leurs intérêts particuliers. Elles ont toutes deux organes propres et indépendants des pouvoirs de l'Etat : un **organe délibérant** dont les membres sont élus au suffrage universel direct et un **organe exécutif** élu au sein de l'organe délibérant. La pyramide est la suivante : 1 – **la région** : collectivité territoriale administrée par un conseil régional dont le président exécute les délibérations et instruit les affaires (ne pas confondre avec le préfet de région, qui est le préfet du département où se trouve le chef-lieu de la région) ; 2 – **le département** : circonscription administrative dotée d'un conseil général et d'un président du conseil général (ne pas confondre avec le préfet) ; 3 – **la commune** : groupe naturel de citoyens, administré par le conseil municipal et le maire (aidé de ses adjoints). *Nota* : **le canton** et **l'arrondissement** ne sont pas des personnes morales.

4 – bonne réponse : ❐ a

Les autorités administratives d'Etat ou locales déploient dans le cadre de leurs activités des services en régie (sans personnalité morale et sans individualité financière) et des établissements publics ayant tous la personnalité morale de droit public. Par la régie, la personne publique assure elle-même la direction et le fonctionnement du service public en cause (*contra* : concession de service public). Les actes accomplis par les agents le sont pour le compte de la collectivité publique dont dépend la régie. Il existe également des régies « industrielles et commerciales » de l'Etat (ateliers, manufactures) ou de collectivités territoriales (pour ces dernières certaines régies « personnalisées » peuvent avoir la personnalité juridique).

5 – bonnes réponses : ❐ b ❐ c ❐ d

Les établissements publics administratifs dépendent tous de l'Etat ou d'une collectivité territoriale : ils sont spécialisés dans la gestion d'un service public. Titulaires d'un patrimoine propre, de droits et d'obligations, les EPA peuvent ester en justice... On les rencontre dans de nombreux secteurs : **social** (hôpitaux...) ; **enseignement** (lycées, collèges...) ; **économique et finances** (chambres de commerce, de métiers, d'agriculture...), etc.

6 – bonnes réponses : ❐ a ❐ b

Ils ont un objet industriel ou commercial analogue aux entreprises privées ; la particularité tient au fait que la puissance publique a décidé de prendre « les choses en mains ». De là, un **régime dualiste** : les EPIC relèvent du droit public pour leur création, organisation, contrôle, suppression... Mais on leur applique le **droit privé** dans les rapports avec leurs fournisseurs, clients et salariés... pour qui ils ne sont que de simples commerçants. Les EPIC se rencontrent dans de nombreux secteurs : **l'énergie** (Electricité de France...) ; **les transports** (SNCF...) ; **l'agriculture** (Office national des forêts...), etc.

7 – bonne réponse : ❐ a

La société d'économie mixte – SEM – est une société qui a pour associés une ou plusieurs personnes publiques (capitaux publics) et privées (capitaux d'origine privée). Le mouvement s'amplifie par suite des privatisations (commencées en 1986). L'Etat laisse subsister dans la société nationalisée d'autres associés à ses côtés (Matra, Usinor, Sacilor). L'Etat ne met sur le marché qu'une partie des actions qu'il possède. Les sociétés d'économie mixte *locales* connaissent de leur côté une expansion.

8 – bonne réponse : ❐ c

« Doivent » et non pas « peuvent » : **loi** du 7 juillet **1983** (art. 1er , al. 3, 1°) qui définit le statut et les modalités de fonctionnement des sociétés d'économie mixte locales.

9 – bonne réponse ❒ b

Les sociétés d'économie mixte locales sont constituées pour réaliser des opérations d'aménagement, de construction, pour exploiter **des services publics** à caractère industriel ou commercial ou pour toute autre **activité d'intérêt général** – ce qui n'apparaît pas le cas en l'espèce (CE, 10 oct. 1994, *Aff. Préfet de la région Lorraine, Préfet de la Moselle*).

10 – bonnes réponses : ❒ a ❒ b ❒ c

Le capital social minimum est – en règle de principe – celui prévu par l'article 71 de la loi du 24 juillet 1966 pour les SA : 250 000 F ou 1 500 000 F si la société fait appel public à l'épargne. *Règles particulières* : 1 – 1 500 000 F au moins si son objet social comprend la construction d'immeubles à usage d'habitation, de bureaux ou de locaux industriels, destinés à la vente ou à la location. 2 – Il doit être égal au moins à 1 000 000 F pour celle ayant dans son objet l'aménagement.

11 – bonne réponse : ❒ c

L. 7 juill. 1983, art. 1er , al. 2, 2°. *Complément* : la participation au capital social des actionnaires autres que les collectivités territoriales et leurs groupements (personnes privées et personnes publiques autres) ne peut être inférieure à 20 p. 100 (L. art. 2).

12 – bonnes réponses : ❒ a ❒ b

Ce qui pose quelques problèmes au regard de la loi du 25 janvier 1985. Ainsi, en cas de plan de cession, si le *repreneur* est une personne privée il y a privatisation.

13 – bonnes réponses : ❒ a ❒ b ❒ c

Seules des personnes morales peuvent être membres d'un GIP : une personne physique intéressée devra constituer une EURL.

14 – bonnes réponses : ❒ b ❒ d

Le GIP est doté de la personnalité morale et de l'autonomie financière ; il est constitué entre établissements publics ayant une activité de recherche et de développement technologique, entre l'un ou plusieurs d'entre eux et une ou plusieurs personnes morales de droit public ou de droit privé, pour exercer ensemble, pendant une durée déterminée, **des activités de recherche ou de développement technologique** ou gérer des équipements d'intérêt commun nécessaires à ces activités (article 21 de loi du 15 juillet 1982 complété par un décret du 15 mars 1983). Ensuite des lois (qui parlent de « personnes morales de droit public », ce qui rend facultative la présence d'un « établissement public ») ont ouvert le GIP à **d'autres domaines** : organisation et promotion des activités physiques et sportives ; activités contribuant à la mise en œuvre de politiques d'insertion sociale et professionnelle des jeunes, etc.

15 – bonnes réponses : ❒ b ❒ c

a. Ne donne pas lieu par lui-même à la réalisation et au partage de bénéfices (cf. GIE). **b**. Mais celui-ci n'est pas interdit (cf. GIE). **c**. Toute clause contraire est réputée non écrite. **d**. A compter de la date de publication de l'arrêté d'approbation au Journal officiel, il n'y a pas d'immatriculation au RCS.

- QCM – Comptabilité analytique (B. et F. Grandguillot)
- QCM – Comptabilité générale (B. et F. Grandguillot)
- QCM – Histoire des faits économiques (D. Malabou)
- QCM – La statistique pour l'économie et la gestion (J.L. Boursin)
- QCM – Les mathématiques pour l'économie et la gestion (J.L. Boursin)
- QCM – L'EURO en 188 questions (J.-C. Zarka)
- QCM – Les Institutions de l'Union européenne (J.C. Zarka) – 2e édition
- QCM et QRC – Culture générale aux concours de la fonction publique (R. Walter, D. Grandguillot, A. Nishimata)
- QCM et QRC – Culture générale aux concours de la fonction publique (C. Chabanon)

Livres thématiques pour acquérir les connaissances nécessaires

- L'EURO – La monnaie du troisième millénaire – 2e édition
- Les institutions de l'Union européenne – 2e édition (J. C. Zarka)
- Vers l'Europe des 30 : le processus d'élargissement de l'Union européenne (Ph. Deloire)
- L'évaluation de l'entreprise (J. M. Palou)
- La consolidation des comptes (J. D. Pinguet)
- Droit international humanitaire (M. Deyra)
- Déchiffrer les indicateurs économiques (A. Jablanczy)
- Gestion budgétaire (B. et F. Grandguillot, K. Louineau)
- Droit de la contraception et de l'interruption de grossesse (C. Renault-Brahinsky)
- Les Députés (J. C. Acquaviva)
- Les Sénateurs (J. Bernot et J. Rocca-Serra)
- Les Conseillers régionaux (J. P. Pastorel)
- Les Députés européens (J. C. Zarka)
- Le Partenariat Franco-Allemand (D. Colard)

L'essentiel du Droit et de l'Economie

- L'essentiel de l'Introduction au Droit (S. Bricca)
- L'essentiel du Droit des personnes (C. Renault-Brahinsky)
- L'essentiel du Droit constitutionnel (G. Champagne) :
  1 – Théorie générale du Droit constitutionnel
  2 – Les Institutions de la Ve République
- L'essentiel des Finances publiques (F. Chouvel)
- L'essentiel du Droit administratif général (M. Ch. Rouault)
- L'essentiel de la Fonction publique (M. Ch. Rouault)
- L'essentiel de la Procédure pénale (C. Renault-Brahinsky)
- L'essentiel du Droit du travail (D. Grandguillot)
- L'essentiel du Droit International Public et des relations internationales (A. Potot-Nicol, C. Roche)
- L'essentiel du Droit du crédit (P. Gioanni)
- L'essentiel du Droit des sociétés commerciales (Lega)
- L'essentiel des Institutions publiques françaises (D. Grandguillot)
- L'essentiel de la Microéconomie (D. Malabou)
- L'essentiel de l'Histoire des faits économiques (D. Malabou)
- L'essentiel de la Géographie économique et humaine de la France (P. Busuttil)
- L'essentiel de la Comptabilité nationale (Th. Tacheix)
- L'essentiel de la Comptabilité analytique (B. et F. Grandguillot)
- L'essentiel de la fiscalité 1999 (P. A. Sainval et P. A. Peyrol)

9 782842 002046

Achevé d'imprimer sur les presses de l'Imprimerie BARNÉOUD
B.P. 44 - 53960 BONCHAMP-LÈS-LAVAL
Dépôt légal : juillet 1999 – N° d'imprimeur : 11456